新概念教材

高职高专专业基础课教材新系

Jisuan Jishu

计算技术

（第五版）

姚珑珑 主编

东北财经大学出版社 | 大连
Dongbei University of Finance & Economics Press

图书在版编目（CIP）数据

计算技术／姚珑珑主编．—5 版．—大连：东北财经大学出版社，2017.1

（高职高专专业基础课教材新系）

ISBN 978-7-5654-2614-8

Ⅰ．计…　Ⅱ．姚…　Ⅲ．计算技术-高等职业教育-教材　Ⅳ.0121

中国版本图书馆 CIP 数据核字（2016）第 302401 号

东北财经大学出版社出版

（大连市黑石礁尖山街 217 号　邮政编码　116025）

网　　址：http：//www.dufep.cn

读者信箱：dufep @ dufe.edu.cn

大连永盛印业有限公司印刷　东北财经大学出版社发行

幅面尺寸：185mm×260mm　　字数：283 千字　　印张：12.5

2017 年 1 月第 5 版　　　　2017 年 1 月第 17 次印刷

责任编辑：张晓鹏　　　　　　　　责任校对：张晓鹏

封面设计：冀贵收　　　　　　　　版式设计：钟福建

定价：25.00 元

总　序

　　高等职业技术教育是我国高等教育的重要组成部分。大力发展高等职业技术教育，培养相当数量的拥护党的基本路线，适应生产、建设、管理、服务第一线需要的德、智、体、美全面发展的高等技术应用型专门人才，是实现我国高等教育大众化目标的必然选择。要实现培养高等技术应用型专门人才的培养目标，就必须搞好教材建设。

　　《教育部关于加强高职高专教育人才培养工作的意见》指出："要切实做好高职高专教育教材的建设规划，加强文字教材、实物教材、电子网络教材的建设和出版发行工作。经过5年时间的努力，编写、出版500种左右规划教材。教材建设工作将分两步实施：先用2至3年时间，在继承原有教材建设成果的基础上，充分汲取高职高专教育近几年教材建设方面取得的成功经验，解决好新形势下高职高专教育教材的有无问题。然后，再用2至3年时间，在深化改革、深入研究的基础上，大胆创新，推出一批具有我国高职高专教育特色的高质量的教材，并形成优化配套的高职高专教育教材体系。"根据这一精神，我们组织了全国高等职业院校和部分本科院校二级学院的学科或专业带头人，在调查研究的基础上，与因引进"哈佛商学院案例教程"等世界权威经管类教材而崭露锋芒，相继推出有中国特色的国家规划、行业规划或全国联编的本科、高职和中等职业教育21世纪课程教材大系的东北财经大学出版社，共同规划和组编了"高职高专专业基础课教材新系"（以下简称"新系"）。

　　根据高职高专教育人才培养目标和规格要求，结合东北财经大学出版社宏大的"新概念教材"建设工程——21世纪"换代型"教材大系——的总体构想，列入第一批编写的高职高专专业基础课教材有《计算机应用基础》《经济学基础》《电子商务基础》《商务数学》《商务统计》《管理学原理》《财政金融与保险》《管理信息系统》《商务英语》《中外礼仪》《计算技术》《市场营销概论》《经济法概论》《商务应用文》《实用口才艺术》等十余本。这些教材力求在结合中国国情、充分借鉴发达国家高职教材建设成功经验的基础上，大胆创新，形成以下鲜明的特点：

　　1. 坚持高职高专教育的"高层次性""职业性""可衔接性"的统一。高职高专教育是学生在完成高中（或五年一贯制高职的中等）教育阶段学习任务基础上所接受的高等职业技术教育。其专业基础课教材必须：①区别于中职教育教材，以高中（或中职）毕业文化为起点，为培养高等技术人才服务；②区别于高等普通教育教材，突出高等技术职业教育特点，围绕高等技术应用型人才的培养目标来选择内容；③为高职高专教育的后续课程（即专业课）提供知识和能力的"必需、够用"的支持，兼顾与高等本科教育教材的衔接。

　　2. 依据高等职业技术教育的培养目标和人才培养模式，适应社会需要和职业岗位群的要求，坚持以提高学生整体素质为基础，以培养学生的应用能力，特别是创新能力和实践能力为主线，确立专业基础课程新体系和教材内容新体系。

　　3. 坚持实用性与前瞻性的统一。高等职业技术教育属于大众化教育。学生毕业后，绝大多数要进入岗位就业，或者自己去创业，因此，教材内容必须强调实用性和针对性。同时，兼顾未来岗位群的发展和学生后续发展的需要，教材内容必须坚持前瞻性原则，在内容上要新，做到充分吸收本专业海内外最新教材、最新科研成果和最新的实践经验和案例，并把这些新内容与高等职业技术教育教学要求及学生接受能力结合起来，以强化教材的科学性、先进性和实用性。

4. 自觉摆脱传统专科的学科型教育和"专科教材为本科教材的压缩"的旧框框，摈弃传统教材以理论知识为核心，以原理、范畴、概念分类为主线，以从理论到理论的单纯知识性阐述的惯性做法，在简述"必需、够用"的基本知识的同时，结合专业内容的特点，适度增加图、表、实例、案例、小思考、补充阅读资料等栏目的内容比例，设置"基本训练"和"观念应用"等习题，以强化理论与实际的结合、学习知识与开发智力的结合、动脑思考与动手操作的结合，真正体现高等职业技术教育的特色。

5. 有相当强的编委和作者阵容。本"新系"的编委和领衔作者由国内部分高校有一定影响的跨世纪学科或专业带头人和部分高职院校的专家、学者共同组成，"编写方案"和"编写提纲"经集体讨论修改，较好地发挥了集思广益和优势互补的作用，确保了教材的质量，能够适应高等职业技术教育的不同专业对专业基础课教材的需要。

改革创新是一个过程，以培养高等技术应用型专门人才为目标的高职高专教育专业基础课教材的改革创新也是如此。我们奉献给广大读者的这套"新系"，只是教材改革创新的一个阶段性成果，其预期目标的进一步实现，尚有待于使用本套教材的广大师生的关怀与支持下的修订。

"高职高专专业基础课教材新系"
编 写 委 员 会

第五版前言

为了使本书更加适应高职高专教育培养高技能专门人才的需要、强化学生综合职业能力、提高学生基础理论水平和整体素质，我们在前四版的基础上主要作了如下努力：

根据实际工作需要和 2016 年最新珠算考试大纲删除了原书中的第 10 章、第 12 章，增加了阿拉伯数字小键盘录入的内容，编为第 10 章。

本书由安徽商贸职业技术学院姚珑珑、汪玉桥共同修订编写，其中姚珑珑修订编写第 1、2、6、7、9、10 章；汪玉桥修订编写第 3、4、5、8、11 章，全书由姚珑珑总纂定稿。

本书在修订过程中参阅了大量文献，得到了有关部门、有关学校的领导、专家和老师的专业指导和大力支持，在此一并致谢。

由于编写时间仓促，加之编者水平有限，书中不足和疏漏在所难免，敬请同行专家和广大读者赐教匡正。

编者
2016 年 12 月于安徽芜湖

目 录

第1章

概　述

学习目标

1.1　珠算的起源与发展

1.2　珠算的功能

基本训练

本章小结

学习目标

知识目标：通过本章学习，应能够了解珠算的起源与发展，以及国内外珠算发展的现状。

技能目标：认识学习珠算的目的和珠算的功能，为以后的学习奠定基础。

用算盘作计算工具叫珠算。算盘和珠算都是我国古代劳动人民的伟大创造，至今已有一千多年的历史。因为珠算的工具具有构造简单、使用便利、造价低廉、携带方便等许多优点，所以长期以来已成为我国劳动人民乐于使用的计算利器，在我国形成了很广泛和非常深厚的社会基础。直到今日，世界虽已进入以电子计算机为标志的信息时代，计算技术有了很大发展，电子计算器充斥市场，但珠算却兴盛不衰，仍是我国在生产和生活中不可缺少的计算技术。

1.1　珠算的起源与发展

珠算是我国古老的文化遗产和科学财富，是与我国古代四大发明齐名的又一发明，是至今仍耀眼于世的瑰宝。千百年来这一计算技术被不断传播到世界各国，推动了人类文明的发展。

1.1.1　我国珠算的起源

珠算和算盘是由我国古代的"筹算"和"算筹"发展演变而来的。算筹是小竹棍。用算筹表示数和进行计算叫筹算。从我国最早的天文学、数学著作《周髀算经》中可以知道，筹算至少在春秋时期就有了广泛的应用。近年来，我国考古学者已从秦汉古墓中发现了古代算筹。

算筹用纵横两种形式表示数字，用纵横间隔表示数位（一纵十横，百立千僵，千十相望。万百相当，满六以上，五在上方。六不积算，五不单张）。

算筹纵式：　|　||　|||　||||　|||||　⊤　⊤　⊤　⊤

算筹横式：　—　=　≡　≣　≣　⊥　⊥　⊥　⊥

数　码：　1　2　3　4　5　6　7　8　9

因算筹较长（出土的汉筹13.8厘米，隋筹8.85厘米），用筹算作乘除等又要三重张位（如作乘法，法数、实数、积数，需置三处），布数既费时间，又占很大面积，很难提高速度，所以随着经济文化的发展和长期的社会实践，算筹逐渐演化为游珠算盘、串珠算盘等，最终珠算取代了筹算。

然而珠算和算盘起于何时、是由谁发明的呢？这至今未找到足够的证据证明。关于算盘的起源问题，自清代就有不少算学家进行考证，但各家认识并不一致。直到当代仍是各抒己见，众说纷纭。

有人认为起源于明初。如清康熙时期的著名算学家梅文鼎在《古算器考》中说："今用珠算起于何时，曰古书散亡，若无明据，然以愚皮之亦起明初耳。何以知之。曰归除歌括，最为简妙。此珠盘所恃以行也。然九章比类所载。句长而涩。盖即是时所创。后人踵事增华及更简快耳。是书为钱塘吴信民作。其年、月、日可知考，而珠盘之来因不远。"

也有人认为珠算起源于元代。清代算学家钱大昕在他所著《十驾斋养新录》中载有："古人布算以筹，今用算盘，以木为珠，不知何人所造，亦未审起于何代，案陶南村《辍耕录》有走盘珠、算盘珠之喻，则元代已有之矣。"

还有人认为算盘当始于宋代，主张此论者证据颇多。

根据之一是：宋末元初人刘因，曾以算盘为题，著录过五言绝句如下，题名："算盘：不作翁商舞，休停饼氏歌。执筹仍蔽簏，辛苦欲如何。"

根据之二是：关于《辍耕录》中所引谚语按《四库全书》总目中指出，宋朝已有此戏语，在《四库全书提要》的《算法统宗》的款下有"宋人三珠戏语已有算盘珠之说。则是法盛行于宋矣"。

根据之三是：我国考古学者于 1921 年在河北巨鹿县古城挖掘出北宋时（1108 年）因黄河改道、洪水泛滥被淹没在地下的王、董二姓故宅中的碗、盆、木桌等什物，其中有木质算盘珠一颗，直径为 2.11 厘米，中间有串档之孔。其大小、形状和现在通用的圆形算盘珠类似（此珠现在由北京历史博物馆收藏）。

根据之四是：北宋时期大画家张择端的名作《清明上河图》中的算盘问题。《清明上河图》以当时的社会政治、经济、文化及生活状况为背景，以我国传统的清明节扫墓之日为题材，描画当时京都汴梁（现河南开封）的闹市场景，画上有一家药铺，在正面柜台上画有一架形似算盘的东西。直到 1981 年 1 月和 5 月，中国珠算协会及"日本珠算教育联盟第六次日中友好珠算访中使节团"先后两次考证了这幅 900 年前的珍品，最后中日两国在场的学者们确认，画中所画是与现在我国使用的算盘结构相同的算盘图。这就当然地成了算盘起源于宋代之说的又一个强有力的证据。

到了明朝，著名珠算家程大位对珠算技术进行了全面而系统的整理，著有《直指算法统宗》，书中已有了七珠十三档算盘图样。此书可谓集珠算之大成，流传之广，影响之大，发行量之多，均属罕见。该书先后传到朝鲜、日本、东南亚各国，珠算技术也随之传入，对这些国家和地区计算技术的发展产生了深远的影响。

珠算是一门应用技术，算盘是一种特殊教具。它们是中华民族宝贵的、独创的科学文化遗产，是我国古代劳动人民集体智慧的结晶。一千多年来，珠算对我国乃至世界许多国家的经济发展和社会繁荣，都作出了重大贡献，在世界计算工具的史册上，谱写了光辉的篇章。

1.1.2　我国珠算发展状况

由于珠算具有优越的计算功能、教育功能和启智功能，即使社会已进入电子时代，计算工具中的传统算盘仍然具有广泛的适用性，发挥着重大作用。

中华人民共和国成立后，党和国家领导人十分重视珠算事业的发展。1972 年，周恩来总理在接见美籍华裔物理学家李政道博士时说："要告诉下面不要把算盘丢掉，猴子吃桃子最危险。"1979 年，薄一波同志为《珠算》杂志题词"算盘是我国的传统计算工具。1 000 多年以来，在金融贸易和人民生活等方面起了重要作用。用算盘和用电子计算机并不矛盾。现在还应充分发挥算盘的功能，为我国经济建设事业服务"。

1979 年 11 月，在秦皇岛市成立了"中国珠算协会"，从此，我国珠算事业进入了一个崭新的阶段。随后各省、市、自治区也相继成立了珠算协会，并下设六个二级分会，对财经业务人员开展珠算技术等级鉴定考核。全国各地每年都要开展各级各类的珠算技术比赛活动，还和中国台湾进行海峡两岸珠算交流和比赛等，使计算水平有了大幅度的提高。此外，还开展了国际间友好交往活动，1996 年，在我国召开了世界珠算大会。我国的珠算事业正蒸蒸日上，兴旺发达，走向世界。

1.2 珠算的功能

珠算事业的进一步发展，计算水平的逐渐提高，充分体现了珠算特有的功效，珠算技术不仅仅局限于计算范畴，还在教育、启智等方面具有良好的功能，大体归纳如下。

1.2.1 计算功能

算盘是一种简单、方便、实用的计算工具，用算盘进行加减运算更是简便、快速、准确，是其他计算工具不可比拟的。在日常的计算总量中，加减法的计算约占 80%，因此更适合用珠算进行计算。据中国会计学会介绍："全国会计人员约 64 万人……算盘是会计人员的计算工具。"我国商品流通部门从业人员达 3 200 多万人，其中相当多的人使用算盘。

1.2.2 教育功能

由于算盘表数直观、形象，所以用算盘作为教具，对数的概念明确。它不像计算器只能给出答案，不能反映计算过程。算盘把珠算、心算和笔算结合起来，运算方法具体，能提高记数能力。原国家教委副主任柳斌同志在《关于"三算结合"教改实验的几点指示》中强调指出："珠算与口算、笔算结合，动手、动脑、动口，有利于发展思维能力、运算能力、表达能力，过去一棍子打死是不对的。"

1.2.3 启智功能

人类的发展依赖于人类自身的智慧，而珠算是将抽象思维转化为形象思维，并把形象思维与抽象思维交替运用的计算方法，是开发人类智慧的良好方法。生理学和医学研究表明，儿童智力发展必须经常锻炼手指和头脑的配合能力，珠算正是通过手指进行运算，因而珠算教育对于发展智力有着特殊的作用。

◢ 基本训练 ◣

1. 如何理解"珠算运算必须眼、脑、手并用，一点不能投机取巧，差一珠就会全错"这句话的含义？

2. 如何理解"珠算可以培养人的精神，如一丝不苟、认真负责等"这句话的含义？

◢ 本章小结 ◣

● 珠算起源的探讨。珠算是我国劳动人民在长期生产实践中创造发明出来的，它既是一门应用技术，其计算工具算盘又是一种特殊教具，它们是中华民族宝贵的、独创的科学文化遗产，是我国古代劳动人民集体智慧的结晶。

● 目前，珠算事业进入了一个崭新的时代。各省、市、自治区都成立了珠算协会，施行了对财经人员珠算等级鉴定考核。全国各地还经常举行各级各类的珠算比赛，并开展了珠算国际友好交流活动。我国珠算事业正蒸蒸日上，兴旺发达。

● 珠算的功能：①计算功能。算盘是一种简单、方便、实用的计算工具，用算盘进行加减运算更是简便、快速、准确，是其他计算工具不可比拟的。②教育功能。算盘表数直观、形象，用算盘作为教具，数的概念明确，同时算盘能把珠算、心算和笔算结合起来，运算方法具体，能提高记数能力。③启智功能。珠算把抽象思维和形象思维很好地结合起来，交替运用，是开发人类智慧的良好方法，同时锻炼了手脑并用的能力，对开发智力有着特殊的作用。

第 2 章

珠算基础知识

学习目标

2.1 算盘的种类结构与珠算的特点

2.2 拨珠指法

2.3 打算盘的基本功

2.4 珠算的常用名词

基本训练

本章小结

学习目标

知识目标：通过本章学习，应能够了解算盘的种类与构造，以及珠算学习中常用的名词，基本掌握珠算的拨珠指法。

技能目标：认识到指法练习的重要性，并通过练习熟练掌握拨珠指法，为以后的学习奠定坚实的基础。

　　为了学好珠算必须首先对算盘的构造、特点、拨珠指法和打算盘基本要领以及学习珠算需掌握的一些名词作初步的了解，才能听懂课、看懂书，为以后学习加、减、乘、除法打下基础。

2.1　算盘的种类结构与珠算的特点

　　算盘的发明历史悠久。经过人们世世代代的努力，珠算技术得到了不断的改进和提高，作为计算工具的算盘，也不断地有所改进。推动算具改革的直接动力是：人们要想提高运算速度，首先必须有一个得心应手的算盘。近年来，我国特别重视对算具改革的研究，使算盘的结构简单、运算简捷、携带方便等优点得以更充分的体现。

2.1.1　算盘的种类和构造

　　1）算盘的种类

　　目前我国常用的算盘有两种：

　　（1）圆珠大算盘

　　珠为圆形，有两颗上珠，五颗下珠，体积较大，珠距较长，又称七珠大算盘（如图2-1所示）。

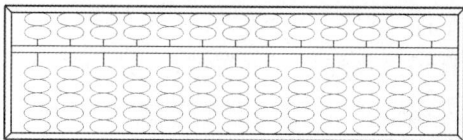

图 2-1　圆珠大算盘

　　（2）菱珠小算盘

　　珠为菱形，有一颗上珠、五颗下珠（如图2-2所示）和一颗上珠、四颗下珠两种，重量轻、体积小、珠距短，有利于提高运算速度。

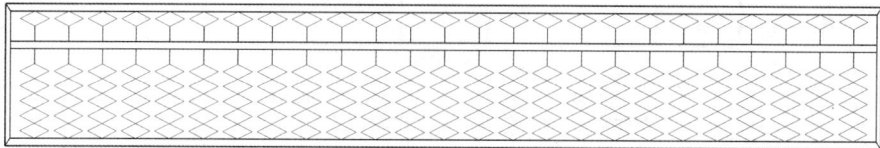

图 2-2　菱珠（六珠）小算盘

　　2）算盘的构造

　　无论是何种算盘，其基本结构都是相同的，主要由边、梁、档、珠等组成。改进后的算盘又增加了清盘器、计位点和垫脚等装置。现以菱珠算盘为例，各部件的名称如下（如图2-3所示）：

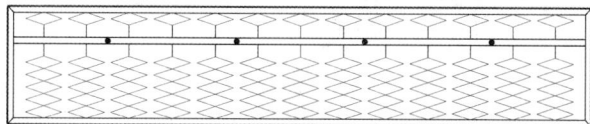

图 2-3　菱珠算盘

边：算盘四周的木框称边（也叫框）。上面的称上边，下面的称下边，左面的称左边，右面的称右边。

梁：在算盘中间与上下边平行的横木条称梁。

档：通过梁的细杆称档。

珠：穿在档上的圆形或菱形的珠称算珠，在梁上面的珠称上珠，在梁下面的珠称下珠。七珠算盘最上面的一颗上珠称顶珠，最下面的一颗珠称底珠。

清盘器：它是近年来改进算盘新加的，是安装在横梁下面用以使算珠离梁的装置。其操作按钮装置在算盘左上端，主要用于提高清盘的速度和质量。

计位点：它是在梁上做出的计位标记，每隔三档一点，每点在档之间，主要作用是为计数与看数方便。

垫脚：装在算盘左右两边底面，共三个。其作用是使算盘底面离开桌面，当推拉算盘下面的计算资料时，防止算珠被带动。

2.1.2　珠算的特点

在学习珠算计算方法之前，必须搞清珠算计算不同于其他计算方法，有其自身特殊性，只有认识这些特性，才能充分利用算盘这一传统的计算工具。珠算的特点概括如下：

①算盘以算珠靠梁表示记数。每颗上珠当五，每颗下珠当一，以空档表示零，以档表示数位。高位在左，低位在右。

②置数前算盘上不能有任何算珠靠梁。置数时，应先定位，由高位到低位（从左向右）将预定数字按位逐档拨珠靠梁。

[例2-1] 置1、2、3、4、5、6、7、8、9于盘上。

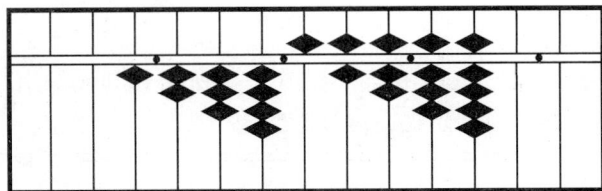

[例2-2] 置1 600于盘上。

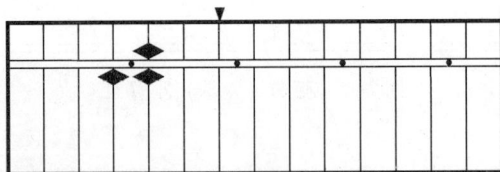

[例2-3] 置507.36于盘上。

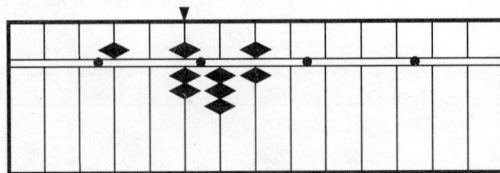

③珠算在进行加减运算时极为方便。珠算加减从左向右进行，与实际工作中读数顺序一致。可以边看边打，在被加数（被减数）上连加（连减）几个数，其结果立即从盘面

显示出来。

④珠算在熟练地掌握了加减运算方法的基础上，乘除运算在盘上就变成了用大九九口诀的加减法运算，不像笔算那样繁杂。

⑤珠算采用"五升十进制"。用算盘计算时，采用的是五升十进制。由于一颗上珠当五，当下珠满五时，需用同档的一颗上珠来代替，称为五升。当一档数满十向左档进一，称为十进。五升十进制是珠算运算中的一个规则，也是算盘赖以发展的一个基础。

2.2　拨珠指法

用算盘进行数字计算，主要靠手指拨珠来完成，拨珠方法正确与否，直接影响运算效率和准确程度。只有正确掌握和熟练运用拨珠指法，才能为以后的学习以及计算水平的提高打下良好的基础。

下面就两种算盘介绍不同的拨珠方法：

2.2.1　大算盘的拨珠指法

使用大算盘运算应用右手的拇指、食指和中指进行拨珠，无名指和小指应向掌心自然弯曲。

1）三指分工

拇指：专拨下珠靠梁，如图 2-4 所示。

食指：专拨下珠离梁，如图 2-5 所示。

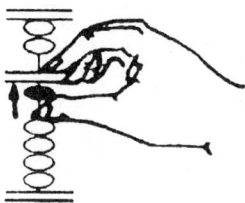

图 2-4

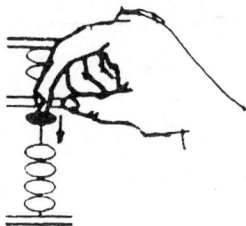

图 2-5

中指：专拨上珠靠梁与离梁，如图 2-6、图 2-7 所示。

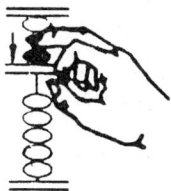

图 2-6

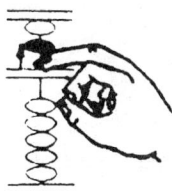

图 2-7

2）两指联拨

按照手指分工一个一个地去拨珠，称单指独拨，速度较慢。为了加快运算的速度，必须使用两指联拨甚至三指联拨。

①同靠：即上下珠同时靠梁（拇指、中指联合拨珠）。

A. 同档上的：在用拇指拨下珠靠梁的同时，用中指拨上珠靠梁。如直接拨加 6、7、8、9 时，如图 2-8 所示。

B. 相邻两档上的：在用拇指拨左一档的下珠靠梁的同时，用中指拨右一档的上珠靠梁。如直接拨加 15、25、35、45 时，如图 2-9 所示。

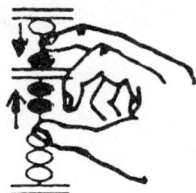

图 2-8　　　　　　　　　　　　图 2-9

②同离：即上下珠同时离梁（食指、中指联合拨珠）。

A. 同档上的：在用食指拨全部下珠离梁的同时，用中指拨上珠离梁。如直接拨减 6、7、8、9 时，如图 2-10 所示。

B. 相邻档上的：在用食指拨左一档下珠全部离梁的同时，用中指拨右一档上珠离梁。如直接拨减 15、25、35、45 时。如拨部分下珠离梁时，可以借用大拇指，如拨 8-6、9-7 或 25-15、97-25 时，如图 2-11 所示。

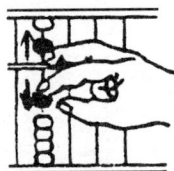

图 2-10　　　　　　　　　　　　图 2-11

③同上：即下珠靠梁，上珠离梁（拇指、中指联合拨珠）。

A. 同档上的：在用拇指拨下珠靠梁的同时，用中指拨上珠离梁。如拨 5-3、5-2、5-4 时，如图 2-12 所示。

B. 相邻档上的：在用中指拨右一档上珠离梁的同时，用拇指拨左一档下珠靠梁。如拨 5+5、25+5、16+15 时，如图 2-13 所示。

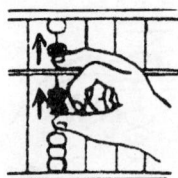
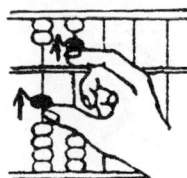

图 2-12　　　　　　　　　　　　图 2-13

④同下：即上珠靠梁，下珠离梁（食指、中指联合拨珠）。

A. 同档上的：在用中指拨上珠靠梁的同时，用食指拨全部下珠离梁。如拨 2+3、4+1 时，如图 2-14 所示。

B. 相邻档上的：在用食指拨左一档下珠全部离梁的同时，用中指拨右一档上珠靠梁，如拨 10-5 时。如拨部分下珠离梁时，可以借用大拇指，如拨 20-5、25-15时，如图 2-15 所示。

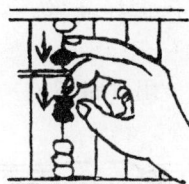

图 2-14

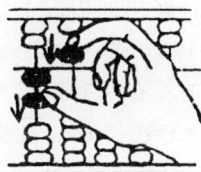

图 2-15

⑤扭进：在用食指拨右一档下珠离梁的同时，用拇指拨左一档下珠靠梁。如拨 1+9、8+8、4+7 时，如图 2-16 所示。

⑥扭退：在用食指拨左一档下珠离梁的同时，用拇指拨右一档下珠靠梁。如拨 10-8、20-17、85-26 时，如图 2-17 所示。

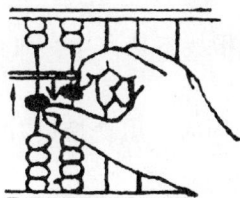

图 2-16

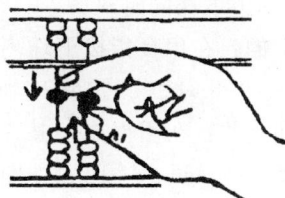

图 2-17

3）三指联拨

①相邻两档上的：左一档下珠靠梁，右一档上下珠离梁。如拨 6+4、7+3、9+1 时。在用食指和中指拨右一档上下珠离梁的同时，用拇指拨左一档下珠靠梁，如图 2-18 所示。

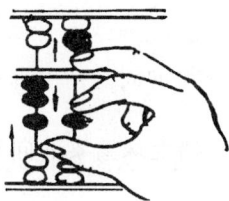

图 2-18

②相邻档上的：左一档下珠离梁，右一档上下珠靠梁。如拨 10-3、10-4、10-2 时。在用食指拨左一档下珠离梁的同时，用中指和食指拨右一档上下珠同时靠梁。

2.2.2　小算盘的拨珠指法

使用小算盘运算应用右手的拇指和食指进行拨珠，中指、无名指和小指应向掌心自然弯曲。

1）两指分工

拇指：拨下珠靠梁，有时兼拨下珠离梁。

食指：拨上珠靠梁和拨上、下珠离梁。

2）两指联拨

①同靠：即上下珠同时靠梁。

A. 同档上的：在用拇指拨下珠靠梁的同时，用食指拨上珠靠梁。如直接拨加 6、7、8、9 时，如图 2-19 所示。

B. 相邻档上的：在用拇指拨左一档下珠靠梁的同时，用食指拨右一档上珠靠梁。如直接拨加 15、25、35、45 时，如图 2-20 所示。

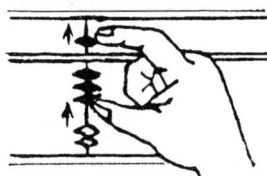
图 2-19

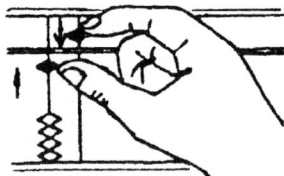
图 2-20

②同离：即上下珠同时离梁。

A. 同档上的：在用食指拨上珠离梁的同时，用拇指拨下珠离梁。如直接拨减 6、7、8、9 时或 7-6、9-8 时，如图 2-21 所示。

B. 相邻档上的：在用拇指兼拨左一档下珠离梁的同时，用食指拨右一档上珠离梁。如直接拨减 15、25、35、45 时，如图 2-22 所示。

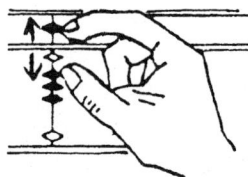
图 2-21

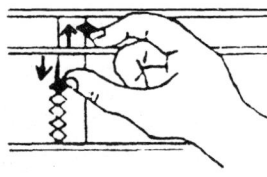
图 2-22

③同上：即下珠靠梁，上珠离梁。

A. 同档上的：在用拇指拨下珠靠梁的同时，用食指拨上珠离梁。如拨 5-2、5-1 时，如图 2-23 所示。

B. 相邻档上的：在用食指拨右一档上珠离梁的同时，用拇指拨左一档下珠靠梁。如拨 5+25、15+15 时，如图 2-24 所示。

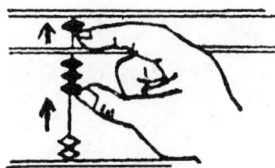
图 2-23

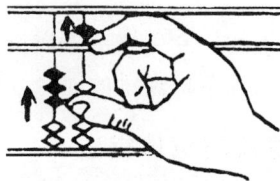
图 2-24

④同下：即上珠靠梁，下珠离梁。

A. 同档上的：在用食指拨上珠靠梁的同时，用拇指兼拨下珠离梁。如拨 4+1、3+2 时，如图 2-25 所示。

B. 相邻档上的：在用拇指兼拨左一档下珠离梁的同时，用食指拨右一档上珠靠梁。如拨 10-5、20-15 时，如图 2-26 所示。

图 2-25　　　　　　　　　　　　　　　　图 2-26

⑤扭进：在用食指拨右一档下珠离梁的同时，用拇指拨左一档下珠靠梁。如拨 1+9、2+8 时，如图 2-27 所示。

⑥扭退：在用食指拨左一档下珠离梁的同时，用拇指拨右一档下珠靠梁。如拨 10-9、10-8 时，如图 2-28 所示。

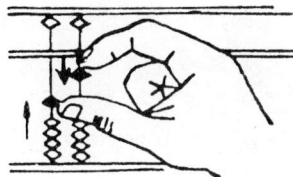 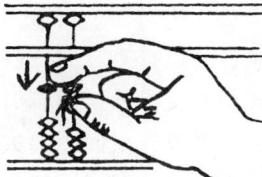

图 2-27　　　　　　　　　　　　　　　　图 2-28

初学珠算时，要严格注意手指分工，避免一些错误的拨珠指法，做到拨珠动作规范、自然。

拨珠运算应注意以下几点：

①用力要适度，算珠要拨到位。不能用力过重，也不能太轻。

②手指离开盘面距离要小，拨珠要连贯，做到指不离档。

③看准算珠再拨，力戒重复拨动某一算珠，减少不必要的附加动作。

④拨珠顺序。拨珠应先后有序、有条不紊为好，如加法一定要先退后进，减法一定要先退后还，即便二指联拨、三指联拨，也要有先后顺序，不能先后颠倒、层次不分。

⑤拨珠要顺畅自然。拨珠时要做到手指协调自然。

以上拨珠要领只有熟练掌握，才能提高拨珠效率。在拨珠过程中应充分运用联拨运算，力求减少单指独拨，做到拨珠既稳又准。

2.2.3　握笔运算

为了减少在运算过程中拿笔与放笔的时间、提高计算效率，必须养成握笔运算的好习惯，这是必备的基本功之一。两种算盘的握笔方法有所不同，分述如下：

1）大算盘的握笔方法

将笔横握于右手掌心，用无名指和小指夹住笔杆，笔杆的上端伸出虎口，笔尖露于小指外，将笔竖直即可写数，将笔复回原位又可运算，如图 2-29 所示。

2）小算盘的握笔方法

将笔横在右手拇指与中指之间，笔杆的上端伸出虎口，笔尖露于食指与中指之间，将笔竖直可写数，将笔复回原位又可运算，如图 2-30 所示。

图 2-29

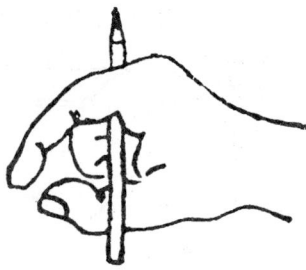
图 2-30

2.3 打算盘的基本功

打算盘的姿势正确与否直接影响运算的准与快。因为眼、脑、手要并用，配合要默契，动作要连贯，所以打算盘时，身要正，腰要直，肘和腕离开桌面，头稍低，要求视线落在算盘与计算资料交界处，运算时靠视觉转移看数拨珠，不能摆头。打算盘时肘部摆动的幅度不宜过大，手离开桌面距离大约为 0.5cm，过低在运算中会产生带珠，过高会发生手指上下跳动拨珠。要做到指不离档，手指与盘面的角度，一般为 45°~60° 较好。

身体与桌沿的距离约 10cm，算盘放在适当的位置，并与桌边基本平行。计算资料的摆放位置根据使用算盘的不同而有所区别。使用圆形七珠大算盘和菱珠中型算盘，计算资料应放在算盘下方，边打边在算盘底下向前推进。使用小算盘时，左手握住算盘的左端，利用算盘的边与计算资料的行次进行运算。这样才能加快速度，提高运算质量。

2.3.1 怎样看数

珠算运算，首先遇到的是看数。看数快与准直接影响到以后计算的速度和准确率。看数一般从位数较少的开始，循序渐进。最好一开始就养成一眼一笔数的好习惯，如果不能这样，那么也可以分节看数，看数时万、千、百、个等位数和元、角、分等单位可不记，如 487 683.52 可一次看完记住，也可以分为 487-683.52 看，还可以分为 487-683-52 看，分节次数越少越有利于运算速度的提高。看数的同时，右手立即拨珠，快要拨完一节，随即看下一节数，要上下环节连接起来，做到边看边打，否则中间就会出现拨珠停顿，从而影响计算速度。数的位数与盘面上计位点应对照起来，位数才能准确无误。熟练以后要做到眼睛能兼顾到计算资料和算盘，使计算动作环环相扣。

如已具有一定计算水平，可以根据自身情况在简单看数的基础上练习并行看数，做到眼到数出，随即拨入算盘中。看数是珠算计算最关键的第一步，无论是初学者，还是有一定技术水平的选手都必须重视，只有看数水平提高了，才能提高计算水平。看数时应注意以下三方面的问题：一是计算资料离算盘的距离尽量缩短；二是看数时切忌念出声音；三是看数时头不要上下或左右摆动。

2.3.2 怎样写数

计算完毕，将算盘上的答案记录下来，这是珠算运算的最后一个环节。表面上看抄写数字与计算关系不大，但一道题的正确与否，除取决于运算拨珠是否正确外，还与抄写数字有较大关系：一是数字抄写是否准确、清晰、整齐；二是抄写是否快捷。

在运算过程中，要养成笔不离手的习惯。写数时，应在准的基础上求快。要养成盯盘写数的好习惯，这就要锻炼眼睛捕捉盘上数字的能力。当一道题计算完毕，左手握住清盘器，眼睛盯盘，在确定写数位置后，一笔数就能从高位到低位很快写完。写数时从高位到低位连同小数要一次书写完毕。只有做到盯盘写数，并认真练习，才能达到书写数字的准与快。

2.3.3　如何定位和清盘

计算水平的高低，除了计算各环节相互衔接外，主要是要提高计算效率，尽量减少一些环节如定位、清盘等在整个计算过程中所占用的时间。具体做法为：在一道题快要计算到尾数时，位数就已确定，就应抓紧时间书写答案，当答案书写到末位数时，左手中指按下清盘器随即清盘。这样，定位、清盘就不占用计算时间，大大提高了运算的节奏和运算的效率。

使用装有清盘器的算盘，应直接使用清盘器进行清盘。使用没有清盘器的算盘，其清盘方法是将右手的拇指和食指捏拢，顺梁的两侧从右向左迅速将上下珠排开并靠边，每次清盘要求用力适当，动作不要重复。

2.4　珠算的常用名词

算盘：算盘是我国古代劳动人民创造的一种计算工具。它设计合理，构造简单，是经济领域最通用的计算工具之一。古书中也称"珠盘"。

算珠（珠、珠子、算盘珠）：穿在算盘档上用以记数的珠子。以靠梁的算珠表示数字，空档表示零和无数字。有圆珠和菱珠两种。

内珠（梁珠）：靠梁的算珠叫内珠，又叫梁珠，它表示数字。

外珠（框珠）：离梁靠边的算珠叫外珠，也叫框珠，通常它表示零和无数字，作补数运算时，它也表示补数。

带珠：拨珠时，把本档或邻档不应拨入或拨去的算珠带入或带出叫带珠。

飘珠（漂子）：拨珠时用力过轻或过重，造成不靠边不靠梁，浮漂在档中间的算珠。

悬珠：七珠大算盘在运算过程中，本档数字超过 15，而又不能往前档进位，将顶珠半悬当 10 的算珠。或在"归除法"和"留头乘法"运算中，因算珠不够用，将顶珠半悬当 10 使用的算珠。

空盘：算盘上所有档上的算珠，全部靠框不靠梁叫空盘，空盘表示算盘里没有记数。

空档：上下珠都不靠梁的档叫空档。"0"是以空档来表示的。

隔档：亦称"隔位"，一般称本档的左二档或右二档为隔档。

前档（上位）：算盘本位的左一档（位）比本位大十倍。

下档（下位）：算盘本位的右一档（位）是本位的十分之一。

借档（串档）：运算过程中未将算珠拨入应拨的档位。

法数和实数：我国古算书中，将乘法中的被乘数、除法中的被除数称为实数，把乘法中的乘数，除法中的除数称为法数。珠算中的实数概念应和数学中的"实数"区分开来。

补数和齐数：两同位数之和为 10 的 N 次方，这两数就互为补数。一个数与它的补数之和叫该数的齐数。某数是几位数，它的齐数就是 10 的几次幂。例如 57 的补数为 43，齐数为 100。

首位数与末位数：一笔数中最先出现的不为零的数称为首位数，亦叫最高位数。一笔数中除去"0"以外的末位数字叫末位数。

估商：在除法计算过程中，比较被除数和除数，心算估计商数的大小称估商。

调商：在归除或商除运算中，一次试商不准，需补商或退商称调商。

初商：除法运算中，已经求出而未能肯定为确商的商数叫初商或试商。

首商：除法计算中，所求的第一位商数称为首商。

确商：经过调整后得出的确切商数称为确商。

连商法：补数除法中，同时或连续取众商的方法称连商法。

连续商：补数除法中，可以同时连续取出的几位商数称连续商。

过大商：在归除运算中取商时，估计首商比确商略大，这个商数称过大商。归除中用过大商法求几位商的方法叫过大商法。

连珠算：亦称珠算连算。计算中，实数、法数或商数不是逐字逐位计算，而是根据数的组成把这些数字先看成一个便于计算的数进行计算，再经调整求出所求结果。

压尾档：在省略计算中，截止档的下一档叫压尾档。

◀ 基本训练 ▶

1. 练习用 625+625+625+…+625 共计加 16 次等于 1 万。
2. 求自然数 1~100 的和。

◀ 本章小结 ▶

● 珠算的特点：①算盘以算珠靠梁表示记数。每颗上珠当五，每颗下珠当一，以空档表示零，以档表示位。高位在左，低位在右。②置数时，应先定位，由高位到低位逐档拨珠靠梁。③珠算加减从左向右进行，与实际工作中读数顺序一致。④用算盘计算时采用五升十进制，当下珠满五时，需用同档的一颗上珠来代替，称为五升，当一档数满十时，向左档进一，称为十进。五升十进制是珠算运算中的一个规则，也是算盘赖以生存和发展的一个基础。

● 拨珠指法正确与否直接影响运算效率和准确程度，只有正确掌握和熟练运用拨珠指法，才能为以后的学习以及计算水平的提高打下良好的基础。

● 大算盘的拨珠指法是运用右手的拇指、食指和中指来进行的。拇指专拨下珠靠梁，食指专拨下珠离梁，中指专拨上珠靠梁、离梁。同时要充分运用两指联拨和三指联拨，以求提高运算的水平与速度。

● 小算盘的拨珠指法是运用右手的拇指和食指进行的。拇指拨下珠靠梁，有时兼拨下珠离梁。食指拨上珠靠梁和拨上、下珠离梁。同时，还要充分运用两指联拨来提高运算的水平与速度。

● 拨珠运算应注意以下几点：①用力要适度，算珠要拨到位。不能用力过重，也不能太轻。②手指离开盘面距离要小，拨珠要连贯。③看准算珠再拨，减少不必要的附加动作。④拨珠应先后有序，如加法一定要先退后进，减法一定要先退后还，即便二指联拨、三指联拨，也要有先后顺序，不能先后颠倒，层次不分。⑤拨珠要自然。

● 看数时最好能做到一眼一笔数，如果不能做到，也可以分节看数，分节次数越少越有利于运算速度的提高。要边看边打，不能有停顿，同时要充分利用算盘上计位点的作用，使计算准确无误。

● 写数时要养成盯盘写数的习惯。一道题计算完毕，左手握住清盘器，眼睛盯盘，在确定写数位置上从高位到低位连同小数点要一次书写成功。

● 常用名词要特别注意理解，以便在今后的学习中运用。

第3章

数字的书写要求

学习目标

3.1　中文大写数字书写及要求

3.2　阿拉伯数字书写及要求

基本训练

本章小结

学习目标

知识目标：通过本章学习，应能够掌握中文大写数字的用法和阿拉伯数字的用法及书写规范。

技能目标：在以后的学习、工作中规范熟练地运用数字。

　　数字是计算的前提，一切计算过程和结果都要通过数字来表示。在珠算运算过程中，数字书写准确规范是较为关键的一个环节，也是财经工作者应具备的一项基本技能。因此，必须按照要求规范书写、认真练习，以达到数字书写准确、清晰、整洁、美观。

　　我国经济工作中常用的数字有两种：一种是中文大写数字；另一种是阿拉伯数字。下面简要介绍两种数字的书写及要求。

3.1　中文大写数字书写及要求

　　中文大写数字的特点：笔画繁多，读写费时费事，但不易篡改，主要用于防止篡改的各种凭证和经济合同。如收据、借据、领条、支票、汇票、合同书等。

　　中文大写数字书写应注意以下几点：

　　①中文大写数字是由数字和数位两部分组成，两者缺一不可。数字包括零、壹、贰、叁、肆、伍、陆、柒、捌、玖；数位包括个、拾、佰、仟、万、亿、兆等。数字和数位一定要规范用字，切不可自造字，以防篡改。

　　②大写金额货币前须冠货币或货物的名称。有固定格式的重要单证，大写金额栏一般都印有"人民币"字样，数字须紧接在"人民币"后面书写，在"人民币"与数字之间不得留有空位。大写金额栏没有印好"人民币"字样的，应加填"人民币"三字。若为外币须冠外币名称，如美元、欧元、日元等。如￥46.18 写作人民币肆拾陆元壹角捌分。

　　③有关"零"的写法。遇到空位汉字大写金额要写"零"字，遇到两个或以上的"0"连在一起时，只需填写一个"零"即可。如￥305.76 写成人民币叁佰零伍元柒角陆分，￥3 005.76 写成人民币叁仟零伍元柒角陆分，￥350.76 写成人民币叁佰伍拾元柒角陆分或叁佰伍拾元零柒角陆分，￥350.06 写成人民币叁佰伍拾元零陆分。

　　④整数收尾。中文大写金额数字到元为止的，在元之后，应写"整（或正）"字，在角之后可以不写"整（或正）"字。大写金额数字有分的，分后面不写"整（或正）"字。如￥1 628.00，应写成人民币壹仟陆佰贰拾捌元整（或正）；￥1 628.50，应写成人民币壹仟陆佰贰拾捌元伍角。

　　⑤壹拾几的"壹"字不得漏写。如￥15.00 写成人民币壹拾伍元整，￥130 000.00写成人民币壹拾叁万元整，不可写成人民币拾伍元整或人民币拾叁万元整。

　　⑥大写数字不能漏写或错写数字，否则必须重新填写凭据。

3.2　阿拉伯数字书写及要求

　　阿拉伯数字也叫"公用数字"，原为印度人所创造，公元八世纪传入阿拉伯，后又从阿拉伯传入欧洲，始称为"阿拉伯数字"。它书写时笔画简单，不必标注数位词，人们很乐于使用，现为世界各国所采用。阿拉伯数字的写法有印刷体和手写体两种。日常工作中普遍使用的是手写体。现就阿拉伯数字的手写体说明规范书写要求，如图3-1所示。

图 3-1 阿拉伯数字写法

阿拉伯数字书写应注意以下几点：

①笔画顺序。阿拉伯数字的书写同汉字书写顺序一致，自上而下，先左后右，不要写倒笔字。

②向右倾斜。书写数字要整体向右倾斜，倾斜角度为 60°。

③大小一致。阿拉伯数字除 6、7、9 以外其余数字应写得一样大，大小为一格的 1/2 高度，压底线书写。"6"的上端应高出其他数字的 1/4，"7""9"书写应出底线。

④字迹清晰。阿拉伯数字要一个一个地写，不允许连笔写数，"0"不能有缺口。

⑤数位对齐。数字书写位次要对齐，以便于汇总计算。

⑥整数分节。对于数位较大的数字采用国际通用的"三位分节制"，按有关规定，日常工作中不要标明分节号。但在珠算比赛及鉴定时要求标出分节号，并严格将分节号与小数点区分开。

⑦写数用笔。登记账表必须用蓝色或黑色钢笔填写，现金支票要求用碳素墨水笔填写，练习时要用钢笔。除复写用铅笔或圆珠笔外，一般不得用铅笔或红笔写数，红笔只在订正或出现赤字时使用。

⑧订正方法。如果记账凭证或账表上发现数字写错，应采用划线更正法予以更正，即在错误数字的中央用单杠红线从首位数字划至分位以示注销，然后将正确的数字写在被注销的数字上方，并由经办人员在数字的左侧加盖本人印章，以示负责。如数字中只有部分数字写错，也要将全部数字注销，不允许涂改、挖补或刮擦，更不准用消字药水。错误数字的订正方法如图 3-2 所示。

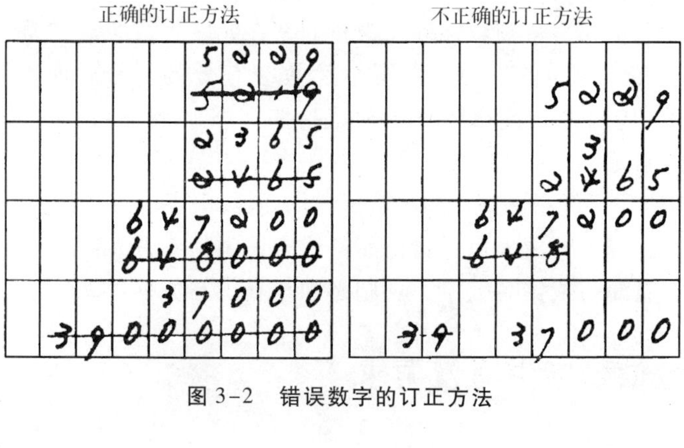

图 3-2 错误数字的订正方法

◆ **基本训练** ◆

1. 用汉字大写写出下列各数：

（1） ¥140 675.18

（2） ¥301 060.25

（3） ¥5 000.60

（4）￥62 045.08

（5）￥4 005.00

2. 用小写数字写出下列各数：

（1）叁万贰仟壹佰伍拾陆元叁角捌分

（2）肆万零叁佰零陆元零捌分

（3）伍万零肆佰元零叁角整

（4）陆万贰仟壹佰元整

（5）柒万叁仟零陆元伍角玖分

◆ **本章小结** ◆

● 中文大写数字书写一定要注意以下几点：①中文大写数字是由数字和数位两部分所组成，两者缺一不可。②大写金额前应冠货币（如人民币）的名称，数字须紧接在"人民币"后面书写，中间不得留有空格。③金额没有角分时一定加"整（或正）"字收尾。④壹拾几的"壹"字不得漏写。⑤大写数字出错，必须重新填写，不能改写数字。

● 阿拉伯数字书写应注意以下几点：①笔画要自上而下，先左后右。②要整体向右倾斜60°。③大小一致，"6"可以略高出其他数字的1/4，"7""9"下端应出底线。④"0"不能有缺口。⑤数位要对齐。⑥比较大的整数要采用国际通用的方法，即"三位分节制"，每节之间间隔半个数字的空位，可不标明分节号。⑦数字书写须规范，只有规范才能美观。⑧数字练习时要用钢笔，要一个一个地写，不能连笔写。

● 更正错误的方法采用划线更正法。即使是一笔数字中的一个数字出错，也要将全部数字注销至分位更正，不允许用涂改、刮擦或挖补的方法订正，更不许用消字药水。

● 数字的书写，态度必须端正，认真练习，使数字的书写规范化、完整化，并做到美观大方，以符合经济工作的要求。

第 4 章

珠算基本加减法

学习目标

知识目标：通过本章学习，应能够掌握基本加法
和减法的运算方法以及加减法的拨珠
规律。

技能目标：能熟练进行基本加法、基本减法以及
加减法的混合运算，并能运用所学的
方法进行正确检验，为学习珠算乘
法、除法打下坚实的基础。

　　加减法是实际计算工作中用途最广的计算方法。在基层的经济计算工作中，加减法占计算总量的80%以上。加法是一切计算方法的基础，它集中了珠算的特点和基础知识；减法是加法的逆运算；乘法是加法的简化；除法是减法的简化。可以说，一切简算法都是以加减法为基础的，而且加减法用算盘运算比笔算、电子计算器运算准确而迅速，最能显示珠算的优点。因此，必须学好珠算加减法。

4.1　基本加减法

　　珠算加减法和笔算加减法不同。笔算从低位到高位运算，而珠算则是从高位开始依次向低位运算；笔算的进位和退位必须记在纸上或记在脑子里，而珠算的进位和退位只要拨动算珠靠梁或靠框即可。因此，珠算比笔算快捷而方便。根据珠算的特点，在进行加减运算前，必须先确定个位档的位置，以防错位。确定个位档时，最好在个位档的右边留出两档作为小数的位置。通常选择算盘梁上右边第一个计位点的左一档作为个位档（如下图所示）。

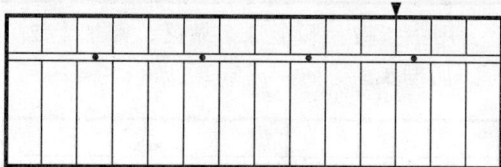

　　算盘梁上的记位点，应标在两档之间（如上图所示），这样比较科学、合理，可以与数字的分节号、小数点一一对应，且一目了然，运算时便于找档、不易错位。

　　珠算加减法最基本的操作是一位数（或某一档数）的加减法，只要熟练了一位数的加减法，就能完成任何多位数的加减的运算，其基本规则是：数位对齐，高位算起。

　　初学珠算加减法，有两种选择，即有诀珠算和无诀珠算，两者的计算原理是一样的。传统的珠算加减法是用口诀指导拨珠运算的，加减口诀有着悠久的历史，是劳动人民在长期的计算实践中总结出来的。明朝吴敬所著《九章详注比类算法大全》就有"上法歌"与"退法歌"。近年来，人们主张不用口诀，原因是加减口诀量大，而且运算中先念口诀再拨珠会影响速度。事实上，没有人这样做。一般可运用珠算"五升""十进"（即满五用一颗上珠，满十向左边进位）的原理，并结合珠算"靠梁为加，靠框为减"的法则，灵活运用算珠的上下运动来实现加减法的运算。只要熟练掌握指法，反复练习，形成"条件反射"，就能做到见数拨珠、快速而准确地运算。

4.1.1　基本加法

　　求两个数或多个数和的方法叫做加法。其一般形式为：被加数+加数 = 和数（或被加数加上多个加数）。

　　进行加法运算，应按以下规则进行：

　　首先，确定个位档，将被加数与加数相同的位数对齐，即"同位相加"，计算小数加法时，必须把小数点对齐，然后相加。

　　其次，依次从高位拨上被加数及加数（简捷算法中也有从低位算起的方式）。采用

"满五用一颗上珠，满十向左档进一"的方式，既可完成加法运算。

最后，加法满足交换律，即被加数和加数交换位置，其和不变。

下面结合拨珠指法，分别介绍直接加法、补五加法、进十加法和破五进十加法四种基本类型。

1）直接加法

直接加法就是指当拨入被加数后，加上一个加数时，直接拨本档备用珠靠梁即完成计算而不发生拨珠离梁的情况。

［例4-1］41+53 = 94

运算步骤：

①定好个位档，将被加数41拨上算盘。

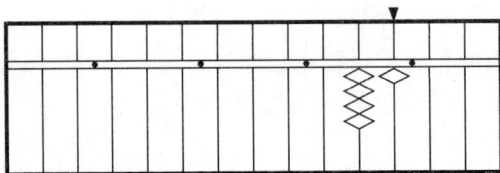

②在十位4这一档上，用中指拨一颗上珠5靠梁，即加上5，同时在个位1这一档上，用拇指拨三颗下珠靠梁，即加上3。

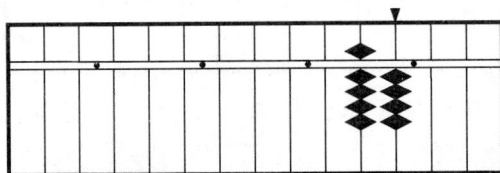

③算盘上读出94即为答案。

［例4-2］5 017+2 451 = 7 468

先从左到右拨上被加数5 017，加看外珠，在千位上直加2，在百位上直加4，在十位上直加5，在个位上直加1。答数为7 468。

直加是珠算加减法中最简单的一类，但这里应重点强调使用正确的拨珠方法。其运算方法总结为"加看外珠，够加直加"。属于直加的有8种情况，见表4-1。

表4-1

被加数	加数
1、2、3、5、6、7、8	1
1、2、5、6、7	2
1、5、6	3
5	4
1、2、3、4	5
1、2、3	6
1、2	7
1	8

通过对表 4-1 的反复练习，即可熟练掌握直加的方法。

2）补五加法

当被加数小于 5，要加上 1、2、3、4 各数时，本档已有部分下珠，使下珠不够加，必须拨一颗上珠五靠梁，同时减去多加的数。运算规则：下珠不够，加五减凑。

补五加的运算实质上是两数之和满 5。如果两数之和为 5，我们称这两个数互为凑数。如 1 与 4 和 2 与 3 互为凑数，反之亦然。以 3+4 为例，在加 4 时，本档下珠不够加，必须拨一颗上珠靠梁，同时将多加的 1 拨去靠框。

［例 4-3］3 241+4 324 = 7 565

运算步骤：

①定好个位档，将被加数 3 241 拨入算盘。

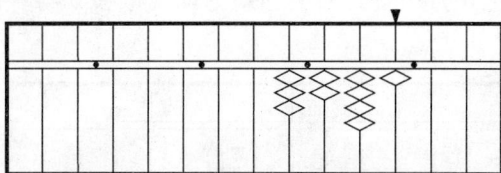

②从高位起，加上 4 时，下珠不够，则用中指拨一颗上珠靠梁，同时用食指拨去多加的一颗下珠靠框。

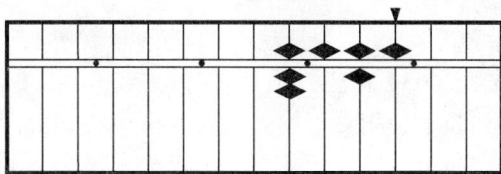

③用同样方法加上其余各数。

［例 4-4］3 421+3 244 = 6 665

先拨上被加数 3 421，再逐位加上 3 244，下珠不够，加五减凑。从左到右依次加 5 减去 3 的凑数 2，加 5 减去 2 的凑数 3，加 5 减去 4 的凑数 1 等等。

补五加的运算方法为"下珠不够，加五减凑"。属于补五加的有 4 种情况，见表 4-2。

表 4-2

被加数	加　数	操　作
4	1	+5-4
3、4	2	+5-3
2、3、4	3	+5-2
1、2、3、4	4	+5-1

通过对表 4-2 的反复练习，即可熟练掌握补五加的方法。

3）进十加法

当被加数拨入算盘后，在某一档加上加数时，本档的和数满 10 或超过 10，采用进十加的方法，即直接从本档拨去加数对于 10 的互补数，再向左档进一。

进十加的运算实质是求两数之和满 10，因而我们又把和为 10 的两个数称为互补数。

以 3+7=10 为例，7 是 3 的补数；反之，3 也是 7 的补数。当加数是 7 时，其和数满 10 或超过 10，需要在本档减去 7 的补数 3，再向左档进 1 即可。

［例 4-5］ 9+6=15

运算步骤：

①定好个位档，将 9 拨入算盘。

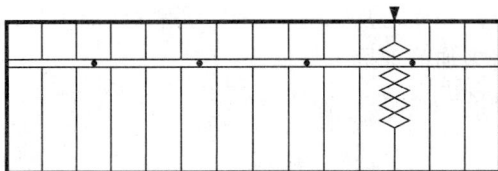

②加 6 时，本档超过 10，用食指拨去四颗下珠（减去 6 与 4 的补数）的同时用拇指在左档拨一颗下珠靠梁（进 1）。

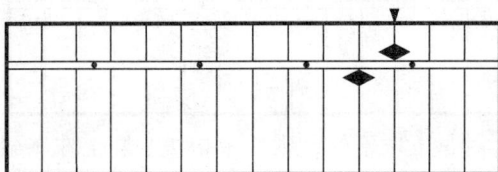

［例 4-6］ 634+978=1 612

运算步骤：

①定好个位档，拨被加数 634 入盘。

②在百位上加 9，本档超十，用食指拨去一颗下珠（减 1），再向左档进 1。

③在十位上加 7，本档超十，用食指拨去三颗下珠（减 3），再向左档进 1。

④在个位上加 8，本档超十，用食指拨去二颗下珠（减 2），再向左档进 1。

进十加的运算方法为"本档直接减补，左档进一"。进十加有 9 种情况，见表 4-3。

表 4-3

被加数	加 数	操 作
9	1	-9+10
8、9	2	-8+10
7、8、9	3	-7+10
6、7、8、9	4	-6+10
5、6、7、8、9	5	-5+10
4、9	6	-4+10
3、4、8、9	7	-3+10
2、3、4、7、8、9	8	-2+10
1、2、3、4、5、6、7、8、9	9	-1+10

通过对表 4-3 的反复练习，可以熟练掌握进十加的运算方法。

4）破五进十加法

在进十加的方法中，当加数为 6、7、8、9 四个数时，本应拨去（减去）4、3、

2、1，但遇到本档无下珠或下珠不够时，就需要采用破五进十加法的方法。

破五进十加的条件是本档已有上珠靠梁，加数为 6、7、8、9 时才适用。其中 6、7、8、9 是 5 与 1、2、3、4 的组合。如 5+8，在加 8 时，将 8 分解为 5 和 3，用拇指拨三颗下珠靠梁，同时用中指拨去上珠 5，再用拇指向左档进 1，过程为 +3−5 进 1。

［例 4−7］ 6+8＝14

运算步骤：

①定好个位档，拨上被加数 6。

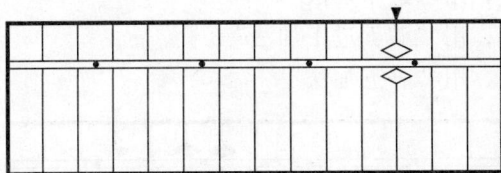

②加 8 时，应减去 2，但无靠梁的下珠，我们就用拇指拨三颗下珠靠梁，同时用中指拨去上珠 5，再向左档进 1 即可。

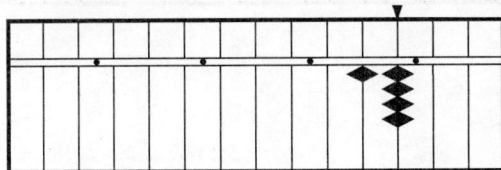

［例 4−8］ 576+968＝1 544

运算步骤：

①定好个位档，拨被加数 576 入盘。

②在百位档加 9 时，本档超十，加 4 减 5 前档进 1。

③在十位档加 6 时，本档超十，加 1 减 5 前档进 1（因百位档下珠已满用"补五加"）。

④在个位档加 8 时，本档超十，加 3 减 5 前档进 1。

破五进十加的运算方法为"本档减补（加凑减 5），前档进一"。破五进十加有 4 种情况，见表 4−4。

表 4−4

被加数	加　数	操　作
5、6、7、8	6	+1−5+10
5、6、7	7	+2−5+10
5、6	8	+3−5+10
5	9	+4−5+10

通过对表 4−4 的反复练习，可以熟练掌握破五进十加的运算方法。

以上所述四种运算方法，在实际运算中是融合在一起的，必须持之以恒地反复练习，才能达到不假思索、见数拨珠的熟练程度。

［例 4−9］ 5 961+3 584＝9 545

运算步骤：

①定好个位档，将被加数 5 961 拨入算盘。

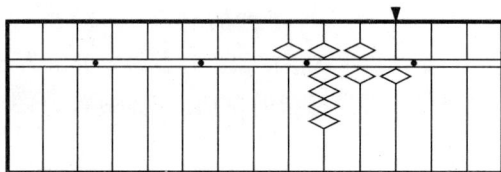

②从高位起，先在 5 这一档加上 3，用"直接加法"。

③在 9 这一档加上 5，用"进十加法"。

④在 6 这一档加上 8，用"破五进十加法"。

⑤在 1 这一档加上 4，用"补五加法"。

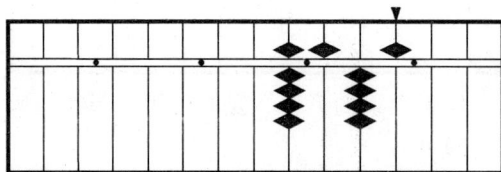

◀ **基本训练一** ▶

1. 计算下列各题：

(1) 6 247+2 551 =

(2) 7 108+2 781 =

(3) 3 510+6 458 =

(4) 2 861+6 137 =

(5) 2 463+5 536 =

(6) 2 738+6 251 =

(7) 8 219+1 680 =

(8) 3 529+6 470 =

2. 计算下列各题：

(1) 3 433+4 434 =

(2) 2 234+3 342 =

(3) 3 241+3 424 =

(4) 4 343+3 433 =

(5) 4 242+4 433 =

(6) 2 324+1 432 =

(7) 13 243+43 421 =

(8) 34 123+42 341 =

3. 计算下列各题：

(1) 2 479+6 754 =

(2) 3 629+9 583 =

(3) 7 341+4 879 =

(4) 3 712+7 598 =

(5) 3 947+8 745 =

(6) 4 627+8 432 =

(7) 3 829+7 536 =

(8) 3 895+4 276 =

4. 计算下列各题：

(1) 5 768+9 676 =

(2) 7 565+6 987 =

(3) 6 576+6 768 =

(4) 8 667+6 776 =

(5) 9 876+6 789 =

(6) 6 767+7 878 =

(7) 7 876+7 678 =

(8) 8 766+7 678 =

5. 计算下列各题：

(1) 526.18+496.46 =

(2) 859.04+164.28 =

(3) 965.31+267.87 =

(4) 312.76+865.76 =

（5）673.78+464.09 =　　　　　　（6）354.81+607.48 =

（7）3 542.70+465.43 =　　　　　　（8）509.49+4 385.64 =

6. 计算下列各题：

(1)	5 349	(2)	8 457	(3)	6 643	(4)	2 485
	+5 748		+6 534		+4 386		+7 456

(5)	4 375	(6)	86 172	(7)	2 583	(8)	37 059
	62 893		9 043		43 617		4 739
	+ 354		+28 195		+ 8 436		+ 7 452

4.1.2　基本减法

求两数之差叫减法。其一般形式为：被减数-减数=差数。

进行减法运算，应按以下规则进行：

首先，先定好个位档，拨被减数入盘。计算小数减法时，应把小数点对齐。

其次，高位算起，逐位由左向右将减数按照"同位相减"的原则在对应的档位上减去。

最后，被减数和减数不可交换位置，但减数可以连同它前面的负号一起移动位置。由于减法是加法的逆运算，其运算方法也分为四类：直接减法、去五减法、退十减法和退十补五减法。

1）直接减法

在减算时，只需拨珠离梁，而不发生退位和拨珠靠梁的情况，即完成减法运算，也就是"见几减几"。

［例 4-10］ 694-562=132

运算步骤：

①定好个位档，将被减数拨入算盘。

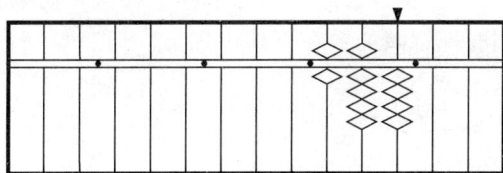

②在 6 这一档减去 5 时，直接用中指拨去上珠靠框；用同样方法减 6 时，用食指拨一颗下珠靠框，同时用中指拨去上珠；减 2 时，直接用食指拨去两颗下珠靠框即可。

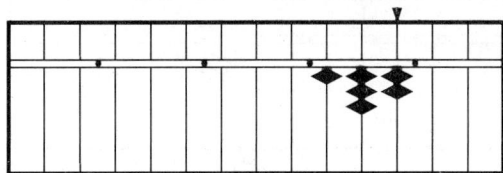

［例 4-11］ 973-612=361

运算步骤：

①置数，拨被减数973入盘。

②在9这一档上减去6，拨去一颗上珠靠框和一颗下珠靠框。

③在7这一档上减去1，拨一颗下珠靠框。

④在3这一档上减去2，拨二颗下珠靠框。

⑤盘上答案为361。

直减的运算方法是"减看内珠，够减直减"。属于直减的有9种情况，见表4-5。

表4-5

被减数	减　数
1、2、3、4、6、7、8、9	1
2、3、4、7、8、9	2
3、4、8、9	3
4、9	4
5、6、7、8、9	5
6、7、8、9	6
7、8、9	7
8、9	8
9	9

反复练习表4-5，可熟练掌握直减的运算方法。

2）去五减法

本法适用于在减1、2、3、4各数时，下珠不够直接减，必须破去上珠五才够减。操作是拨去上珠五靠框，同时把多减的数在下珠中加上。运算规则：下珠不够，去五加凑。指法：双上。

［例4-12］7 565-4 321=3 244

运算步骤：

①定好个位档，将被减数拨入算盘。

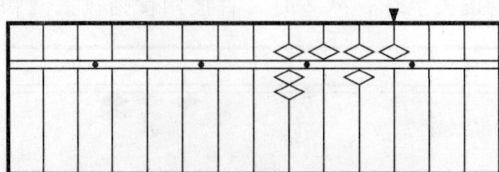

②在7这一档减去4时，下珠不够减，必须动用上珠，同时将多减的数用下珠加上。操作过程：用拇指将一颗下珠靠梁，同时用中指拨去上珠靠框。同理减去3、2、1，得出运算结果3 244。

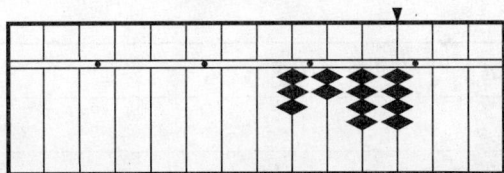

　　去五减的运算方法是"下珠不够，去五加凑"。属于去五减的有 4 种情况，见表 4-6。

表 4-6

被减数	减　数	操　作
5	1	−5+4
5、6	2	−5+3
5、6、7	3	−5+2
5、6、7、8	4	−5+1

　　反复练习表 4-6，可熟练掌握去五减的方法。

3）退十减法

　　在减算时，本档不够减，需左档退一才够减的，将多减的部分在本档加上。其运算规律是："本档不够减，左档退一，本档加补"。只是在加补数时，采用直接的加法。

［例 4-13］ 2 164−875＝1 289

运算步骤：

①定好个位档，将被减数拨入算盘。

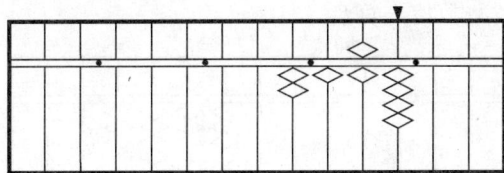

　　②数位对齐，在百位的 1 上减去 8，很明显不够减，必须从前档借 1 来减，借 1 当 10 再把多减的 2 在本档加上。操作过程：用食指在左档拨一颗下珠靠框，同时用拇指在本档拨两颗下珠靠梁。同理，在十位的 6 上减去 7 时，也不够减，向前档借 1，本档加 3；在个位的 4 上减去 5 时，向前档借 1，本档加 5 即可。

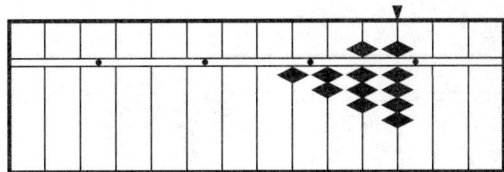

　　退十减的运算方法是"本档不够，退十（直接）加补"。属于退十减的有 9 种情况，见表 4-7。

表 4-7

被减数	减　数	操　作
0	1	−10+9
0、1	2	−10+8
0、1、2	3	−10+7
0、1、2、3	4	−10+6
0、1、2、3、4	5	−10+5
0、5	6	−10+4
0、1、5、6	7	−10+3
0、1、2、5、6、7	8	−10+2
0、1、2、3、5、6、7、8	9	−10+1

反复练习表 4-7，可熟练掌握退十减法。

4）退十补五减法

本档只有下珠靠梁，没有上珠靠梁，在减 6、7、8、9 各数时，本档不够减，必须向前档借 1 来减，借 1 当 10，但 10 与减数的差，又不能直接加在本档上（下珠已满），而要动用上珠的 5 时，即可采用退十补五的方法加上。这是因为"还五或还几"即加上几，而且还应将多加的数减去。

［例 4-14］　4 343−865=3 478

运算步骤：

①定好个位档，将被减数拨入算盘。

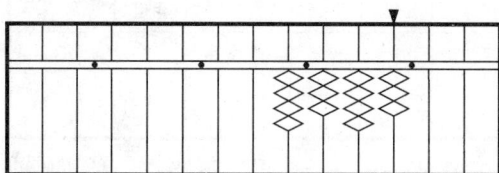

②位数对齐，从百位的 3 上减去减数 8 时不够减，必须向前档借 1 来减，借 1 当 10，由于只减 8，就应把多减的 2 加上，可下珠已满，需动用上珠的 5，并将多加的 3 从下珠减去。操作过程：用食指从左档拨一颗下珠靠框，再用中指将本档的上珠拨下靠梁，同时用食指拨去三颗下珠靠框。

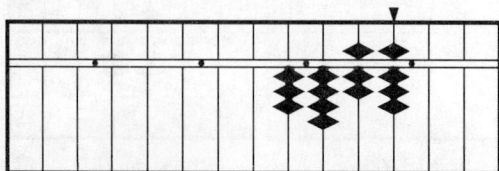

③同理，用上述方法完成其他各档的运算。

退十补五减的运算方法是前档退十，本档加补数，只是加补数时要用到补五的加法。属于退十补五减的方法有 4 种情况，见表 4-8。

表 4-8

被减数	减 数	操 作
1、2、3、4	6	−10+5−1
2、3、4	7	−10+5−2
3、4	8	−10+5−3
4	9	−10+5−4

反复练习表 4-8，可熟练掌握退十补五减的方法。

同加法运算原理一样，减法运算在实际计算中也是四种类型的综合应用。

[例 4-15] 9 217−6 684＝2 533

运算步骤：

①定好个位档，将被减数拨入算盘。

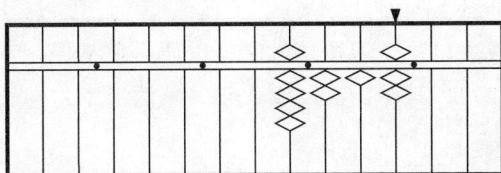

②位数对齐，逐位相减。9−6 用直减；2−6，不够减，用退十补五减；1−8，不够减，用退十减；7−4 用去五减。

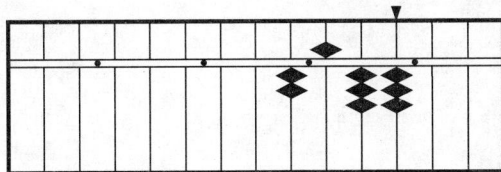

另外，减法在退位时，还会遇到前档为 0 或前几档为 0 的情况，这时应采用隔档借数来减，即隔档退位减法。处理方法：隔几档借数还几个 9，末档加上减数的补数。

[例 4-16] 303−9＝294

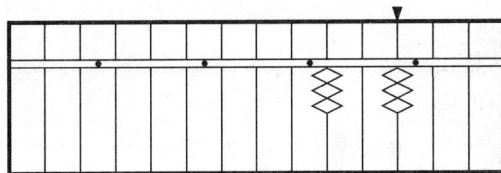

运算时，在个位的 3 上减去 9，不够减，向十位档借 1，但十位档是 0，必须再向前一档借（即百位档借），减去 9 后，得 91（相当于从 100 中减去 9），从十位档起加上 91，答数为 294。

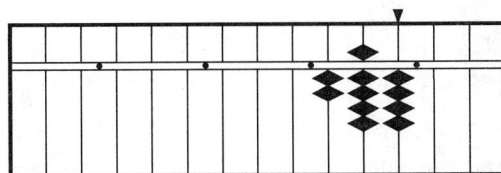

［例 4-17］5 001-7=4 994

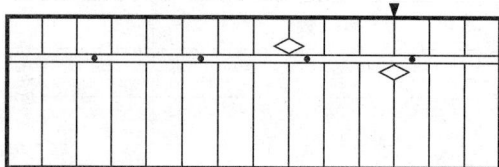

运算时，个位的 1 减去 7，不够减，向前档借 1，但十位档和百位档都是 0，必须向千位档借 1（用"去五减"），减去 7 时，在百位档和十位档分别加 9、9，在个位档加 3（7 的补数），答数 4 994。

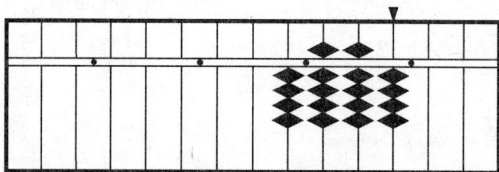

初学者也可利用加减法口诀学习拨珠方法，以便尽快掌握，现列示如下：

加减法口诀共五十二句，其中加法二十六句，减法二十六句，各分为四大类。

（1）加法口诀

①直接加法

1 上 1；2 上 2；3 上 3；4 上 4；5 上 5；6 上 6；7 上 7；8 上 8；9 上 9。

②补五加法

1 下 5 去 4；2 下 5 去 3；3 下 5 去 2；4 下 5 去 1。

③进十加法

1 去 9 进 1；2 去 8 进 1；3 去 7 进 1；4 去 6 进 1；5 去 5 进 1；6 去 4 进 1；7 去 3 进 1；8 去 2 进 1；9 去 1 进 1。

④破五进十加法

6 上 1 去 5 进 1；7 上 2 去 5 进 1；8 上 3 去 5 进 1；9 上 4 去 5 进 1。

（2）减法口诀

①直接减法

1 去 1；2 去 2；3 去 3；4 去 4；5 去 5；6 去 6；7 去 7；8 去 8；9 去 9。

②去五减法

1 上 4 去 5；2 上 3 去 5；3 上 2 去 5；4 上 1 去 5。

③退十减法

1 退 1 还 9；2 退 1 还 8；3 退 1 还 7；4 退 1 还 6；5 退 1 还 5；6 退 1 还 4；7 退 1 还 3；8 退 1 还 2；9 退 1 还 1。

④退十补五减法

6 退 1 还 5 去 1（6 退 1 还 4，4 下 5 去 1）；7 退 1 还 5 去 2（7 退 1 还 3，3 下 5 去 2）；8 退 1 还 5 去 3（8 退 1 还 2，2 下 5 去 3）；9 退 1 还 5 去 4（9 退 1 还 1，1 下 5 去 4）。

下面简单介绍加减法口诀的含义。其中加法口诀中的"上"是拨珠靠梁，即加上；"下"是指将上珠拨下靠梁，亦为加；"去"是指拨算珠离梁靠框，即减去；"进"是指向前档进一。

而减法口诀中的"去"是指拨算珠靠框；"上"是指拨下珠靠梁；"退"是指从前档借 1；"还"是指在本档加上。总之，加减法口诀的应用，关键是分清何时使用哪句口诀，即应用条件，因此练习时应着重加强这方面的训练，比如同样是加 9，可以是"九上九""九去一进一"，也可以是"九上四去五进一"等，所以只有反复练习，才能掌握规律，形成条件反射之后，即可运用自如。

◀ **基本训练二** ▶

1. 计算下列各题：

(1) 7 341 - 2 341 =

(2) 2 734 - 1 624 =

(3) 4 109 - 3 108 =

(4) 4 927 - 3 817 =

(5) 2 097 - 1 096 =

(6) 9 576 - 4 525 =

(7) 3 516 - 2 516 =

(8) 1 895 - 1 865 =

2. 计算下列各题：

(1) 5 665 - 1 423 =

(2) 6 776 - 3 433 =

(3) 7 586 - 3 442 =

(4) 8 757 - 4 324 =

(5) 8 576 - 4 144 =

(6) 7 565 - 4 134 =

(7) 6 757 - 3 424 =

(8) 5 867 - 2 434 =

3. 计算下列各题：

(1) 32 671 - 4 893 =

(2) 24 315 - 5 436 =

(3) 61 807 - 3 928 =

(4) 15 042 - 6 153 =

(5) 21 231 - 8 693 =

(6) 12 120 - 3 453 =

(7) 22 131 - 9 654 =

(8) 11 201 - 8 974 =

4. 计算下列各题：

(1) 2 434 - 687 =

(2) 32 414 - 7 969 =

(3) 31 243 - 6 767 =

(4) 43 342 - 8 696 =

(5) 67 945 - 7 868 =

(6) 84 354 - 6 978 =

(7) 96 543 - 8 976 =

(8) 48 344 - 9 767 =

5. 计算下列各题：

(1) 51 678 - 6 825 =

(2) 32 149 - 4 678 =

(3) 43 916 - 7 864 =

(4) 52 431 - 6 766 =

(5) 87 936 - 9 867 =

(6) 76 534 - 8 329 =

(7) 79 834 - 9 576 =

(8) 85 734 - 6 749 =

6. 计算下列各题：

(1) 2 008 - 9 =

(2) 4 001 - 3 =

(3) 30 005 - 45 =

(4) 70 003 - 67 =

(5) 200 005 - 8 009 =

(6) 300 006 - 5 004 =

(7) 500 003 - 4 090 =

(8) 500 501 - 80 457 =

4.2　加减法的验算

在珠算加减法的练习中，如发现了差错，或对计算结果有怀疑，应及时验算，以求准确。如果拨一百次珠，有一次错误，表面上看准确率达99%，似乎相当准确。但如果这一百次拨珠是做一道算题，那么，此题则完全错误。往往因为错一颗算珠，使该题不得计分。

加减法容易发生的错误主要有尾差、错位（串位）、漏数、重复、错看正负号、数字颠倒、运算规律错误、看错数字、用力不当或小指带珠等。

加减法的验算一般采用重算或还原运算的方法。

4.2.1　加法验算

加法的重复运算是指运用加法的交换律或结合律对算题重算。

［例4-18］

原题	重算	重算
1 987	5 763	1 987
3 124	3 124	3 124
+ 5 763	+ 1 987	+ 5 763
10 874	10 874	10 874

加法的还原运算是利用加减法互为逆运算的原理，将其和数减去一个（或几个）加数，结果等于另一个（或最后一个）加数，即为正确。

［例4-19］

原题	还原
1 987	10 874
3 124	− 1 987
+ 5 763	− 3 124
10 874	5 763

4.2.2　减法验算

减法的重复运算是将减数交换位置或先将减数求和，再从被减数中减去的方法。

［例4-20］

原题	重算	重算
10 874	10 874	10 874
− 1 987	− 3 124	− 1 987
− 3 124	− 1 987	− 3 124
5 763	5 763	5 763

减法的还原还可利用差数加上减数等于被减数的方法进行验算。

[例 4-21]　　　　　　　原题　　　　　　　还原

　　　　　　　　　　　　10 874　　　　　　　5 763

　　　　　　　　　　　　－ 1 987　　　　　　1 987

　　　　　　　　　　　　－ 3 124　　　　　　+ 3 124

　　　　　　　　　　　　————————　　　————————

　　　　　　　　　　　　5 763　　　　　　　10 874

　　实践证明，差错的发生常常是有规律的，我们完全可以找出规律、及时更正，保证计算结果准确无误。

　　一般说，对于尾差，我们可以采用只打尾数的方法来更正；对于错位（串位）可以将两次运算结果之差除以 9，同原数对照；对于漏数和重复，可用两次运算结果之差到原数中去查找；对于两数颠倒，可用两次运算结果之差除以 9，再分别去找差错；对于看错数字、正负号，可用两次运算结果之差除以 2，到原数中去找；对于用力不当或小指带珠，则需加强基本功练习，计算时沉着、谨慎，养成良好的习惯是非常重要的。

　　实践证明，以上方法行之有效，是快速、高效查错和改错的好方法，在实际工作中灵活运用，能达到事半功倍的效果。

◀ **基本训练三** ▶

　　计算下列各题，并用所学的方法进行验算，若不正确，则用学过的方法查找错误：

（1）7.13+8.61+2.08+5.72+6.37+1.49＝

（2）78.25+16.87+31.02+95.74+89.06+52.18＝

（3）624.58+435.16+961.03+850.94+207.63＝

（4）13.75+918.56+6 981.25+6.82+45 689.72＝

4.3　几种常用的练习方法

　　学习珠算重点是原理加技术。原理学明白很简单，但技术要熟练就得勤学苦练。加减算的准与快将影响到乘除法的准与快。对于初学者来说，一开始就练习多位数或多笔数的加减并不合适，最好是先进行加减的传统方法练习。练习基本功，应把重点放在拨珠指法是否正确上，看能否做到两指联拨和三指联拨。传统练习只要有把算盘即可，不需要练习题，也不需要读数；传统练习进行几次之后，一般能将答数记住，可进行校对；传统练习的答数特别能增加练习兴趣。

4.3.1　指法练习

　　指法是打好算盘的基础，拨珠指法的正确与否、频率的高低，直接影响计算的速度和准确性。因此在进行指法练习时，要用力适度，不可太重，也不可太轻，手指离盘面的高度要控制好，拨珠要顺畅有序，速度要均匀且有节奏。力求做到：手指拨珠轻巧灵敏，动作协调连贯。

4.3.2　打定数

1）打百子

先做加百子，从个位档开始，从 1 起连续加 2、3、4……一直加到 100，答数为 5 050，也可把答数读成"我灵我灵"。

再做减百子，就是从 5 050 中依次减去 1、2、3、4……一直减到 100 为止，算盘上还原为 0。

为了便于检查计算过程中是否有误，现将各段得数列表，见表 4-9（1）和表 4-9（2）。

表 4-9（1）

加数	10	20	36	50	60	70	80	90	100
和	55	210	666	1 275	1 830	2 485	3 240	4 095	5 050

表 4-9（2）

减数	10	20	30	50	60	70	80	90	100
差	4 995	4 840	4 585	3 775	3 220	2 565	1 810	955	0

打百子是最基本的练习方法，其中包括了各种基本指法和联拨动作，也包括了加法和减法的四种基本类型。另外，为了加快速度，还应该摒弃一些如搔头、舔嘴、伸舌、眨眼等坏毛病。

打百子一次（包括加算和减算各一次），其速度标准为：初级 2 ~ 2.5 分钟，中级 1 ~ 1.5 分钟，高级 1 分钟以内。

打百子练习时间长了，对于前述一些特殊数字就能记住，即使打错，也能立即修改成正确答案。如果打腻了，也可在打百子之前，拨上一个基数，这种方法叫做有基数打百子。如可以先拨上 220，然后再进行打百子练习。

2）九盘清

先在算盘上拨入 123 456 789，再在各档分别加上 123 456 789，加一次称为一盘，连加九次称为九盘（连同原数一共加了十遍），答案 1 234 567 890，称九盘清。

3）三盘成

先将 123 456 789 拨在算盘上，然后看到档上的数是多少就加多少，三次后，算盘上的数字为 987 654 312，再在最末位数 2 上加 9，得数 987 654 321 正好是原数倒过来的数字。因为本题的做法是原档是几就加上几，所以也叫"见子打子"或"三回头"。

4）一条心

将 625 连续加 16 次，得数为 10 000，所以叫"一条心"。

传统的加减练习方法还有很多，以上只是简单介绍几种。

打定数的优点如上所述，但只能练习拨珠方法，而不能练习看数。我们在实际教学过程中，通常能看到学生做某一道题时，拨珠的时间没有看数的时间多，这说明学生看数的速度慢、效率低。

4.3.3　常用的几种练习方式

1）听算

听算是由教师或一位学生念数，学习者耳朵听数，手指拨珠运算的一种方式。它有助于提高学生的注意力，并且互相带动，共同提高，也便于对照答案。

2）看算

看算是学习者自己边看边算。根据计算资料的不同，分为算题、表册算和传票算等。

（1）算题是最常用的练习方式，有横式和竖式之分。

（2）表册算是对账表或簿册所记载的数据进行汇总计算。为防止漏算和重复，看数时可用左手指点（算一笔数移动一下）。

（3）传票算是财会工作的基本功之一。会计实务中的传票，有一行数和多行数之分。应做到边看、边翻、边打。这其中翻页是首要的，只有翻得快，才能打得快，而且还应看得准。总之，珠算技术非一日之功，唯有下工夫，才会有真正的效果。

◆ **基本训练四** ◆

1．计算下列各题：

（1）2 479+81 674+972 543+7 536+56 087+130 247 =

（2）6 431+83 209+304 189+2 043+57 198+718 462 =

（3）79. 63+674. 20+215. 36+6 189. 02+87. 92+9 742. 86 =

（4）501. 34+6 902. 38+51. 89+8 534. 02+175. 60+48. 17 =

2．计算下列各题：

（1）2 450 891－1 047－76 321－1 782－35 946－49 015 =

（2）7 361 980－5 298－98 045－6 935－86 732－20 461 =

（3）34 128. 06－45. 67－125. 78－79. 06－803. 12－749. 56 =

（4）21 703. 45－40. 61－543. 79－27. 84－831. 26－965. 47 =

◆ **本章小结** ◆

● 加法运算，要先定好个位档，再拨上被加数，然后按珠算"五升""十进"的原则，将加数从左向右逐位加上，加完所有加数，所得结果即为和数。

加法共分四种类型：

（1）直接加法是指当拨入被加数后，再加上一个加数时，能够直接在本档将加数拨靠梁，它是加法中最简单的一类。运算方法总结为：加看外珠，够加直加。

（2）补五加法是指当被加数小于5，这时要加上1、2、3、4各数时，本档下珠不够加，必须拨上珠靠梁，同时在靠梁的下珠中减去多加的数。它的前提条件是两数之和满5。运算方法总结为：下珠不够，加五减凑。

（3）进十加法是指被加数拨入后，加上一个加数，本档的和满10或超过10时，可直接从本档减去加数等于10的补数，再进一。它的前提条件是两数之和满10。运算方法总结为：本档直接减补，前档进一。

（4）破五进十加法是指本档拨入加数后，已有上珠靠梁，再加上6、7、8、9四个数时必定超过10，本档不够加，必须向前一档进一，多加的数又不能从本档下珠中直接减去，须拨去上珠五，并用下珠补还因拨去上珠而多减的数。它的前提条件是本档已有上珠靠梁。运算方法总结为：本档减补（加凑减五），前档进一。

● 减法运算，要先定好个位档，再拨上被减数，然后从左到右依次减去减数，本档不够减时，向左档借1，作为本档的10，减完全部减数，所得结果即为差数。

减法也分为四种类型：

（1）直接减法是指在某一档上被减数减去减数时，能够直接减去该数。运算方法总结为：减看内珠，够减直减。

（2）去五减法是指本档已有上珠靠梁，在减去比五小的1、2、3、4各数时，下珠不够用，不能直接减去，必须动用上珠，拨上珠离梁，同时把多减的数用下珠加上。运算方法总结为：下珠不够，去五加凑。

（3）退十减法是指本档被减数小于减数，不够减时，需向前档借1，作为本档的10，再将10与减数的差直接在本档加上。运算方法总结为：本档不够，退十加补。

（4）退十补五减法是指本档只有下珠靠梁，没有上珠靠梁，在减6、7、8、9各数时，本档不够减，须向前档借1，作为本档的10，但10与减数的差又不能直接加在本档上，而要动用上珠，即用补五加法加上。运算方法总结为：左档借一，本档用补五加法加补。

● 加减法的验算：在运算过程中，因尾差、借位、漏数、重复、看错数字的正负号、数字颠倒、用力不匀或小指带珠等都会造成错误，因而必须进行验算。加减法的验算，一般采用重算或还原的方法进行。

● 珠算是技术活，原理好学，技术就要靠勤学苦练。加减算的准与快将直接影响到乘除算的准与快，可以通过打百子、九盘清、三盘清、一条心等方法来练习。

第 5 章

珠算基本乘法

学习目标

知识目标：通过本章学习，应能掌握珠算乘法的定位方法、乘算原理以及不同类型乘法的计算方法。

技能目标：熟练地运用某一种方法进行乘法运算并能在实际的运算工作中灵活地运用。

乘法是求一个数的若干倍数的方法，也就是求若干个相同加数之和的简便算法。古代把被乘数称为"实数"，乘数称为"法数"。

珠算乘法的种类很多，一般可以分为以下几类：

①按适用范围分，有基本乘法和简便乘法两种。

②按是否在算盘上置被乘数分，有置数乘法和空盘乘法两种。

③按被乘数的运算顺序分，有前乘法和后乘法两种。而后乘法按乘数的运算顺序的不同，又可分为留头乘法和掉尾乘法等。

④按置积的档位不同分，有隔位乘法和不隔位乘法两种。

本章将介绍留头乘法、破头乘法和空盘前乘法等三种基本方法。

5.1 积的定位方法

算盘是用空档表示零的，而乘法在乘的过程中是有效数字相乘。如 5.55×6 和 555×6 000，其盘上积数都是 333，而积数是否有零，有几个零，小数点的位置在哪里，只有通过积的定位方法来确定。所以，定位方法很重要。

5.1.1 数的位数

1）正位数

在一笔数中，第一个非零的数字称为最高位数字，也称首位数字。例如：0.00458 的最高位数字是 4，而不是 0。最高位数字在整数部分的称为正位数。有几位整数就是正几位。例如：98、35.90、60 等都是正 2 位。用"+2"表示；100、407.75、915 等都是正 3 位，用"+3"表示。

2）零位数

零位数属纯小数，是指小数点到最高位数字之间无零间隔的数。例如：0.24、0.7402、0.8074 等都是零位数，用"0"表示。

3）负位数

负位数属纯小数，是指小数点到最高位数数字之间有零间隔的数。例如：0.0057、0.0069 称为负 2 位数，用"-2"表示；0.077、0.0708 都称为负 1 位，用"-1"表示。

积的定位方法有多种，现介绍三种较普遍且易掌握的方法，即公式定位法、首档定位法和固定个位档定位法。

5.1.2 公式定位法

公式定位法是一种算后定位法，即需先将乘积算出后，用积的首位与两因数首位大小比较以及两因数位数来确定积的位的一种定位方法。一般设被乘数的位数为 m，乘数的位数为 n，则积的定位公式有：

$$m+n \tag{5-1}$$

$$m+n-1 \tag{5-2}$$

具体有下列三种情况：

①当积的最高位数字小于被乘数或乘数的最高位数字时（其中包括一个小于，另一

个等于），其积的位数用公式（5-1）定位。例如 3×4＝12，因 1 小于 3 或 4，所以积的位数为 m（1）+n（1）=+2（位），其积是 12；又如 16×71＝1 136，积的首位 1 等于被乘数首位 1，小于乘数首位 7，所以同样用公式（5-1）定位，即 m（2）+n（2）=+4（位），其积为 1 136。

②当积的最高位数字大于被乘数或乘数的最高位数字时（其中包括一个大于，另一个等于），其积的位数用公式（5-2）定位。例如 3×3＝9，因为 9 大于 3，所以积的位数为 m（1）+n（1）-1=+1（位），其积是 9；又如 11×34＝374，积的首位 3，大于被乘数首位 1，等于乘数首位 3，所以同样用公式（5-2）定位，即 m（2）+n（2）-1=+3（位），其积为 374。

③当积的最高位数字与被乘数、乘数首位数字相同时，则依次比较第二位数字；若第二位数字再相同，则比较第三位数字，依次类推，然后再按上述方法来确定积的位数。

例如，12×11＝132，积与被乘数和乘数的最高位数字都相同，则比较次高位数字，因 3 大于 2 或 1，所以用公式（5-2）定位，即 m（2）+n（2）-1=3（位）。

再如，99×99＝9 801，积与被乘数和乘数的最高位数字都相同，则比较次高位数字，因 8 小于 9，所以用公式（5-1）定位，即 m（2）+n（2）=4（位）。

上述定位方法也可简记为"积首大减一，积首小不减"。

［例 5-1］9.53×73.26＝698.1678

定位：积的最高位数字 6 小于被乘数最高位数字 9，用公式（5-1）定位，即 m（1）+n（2）=3（位），积数为 698.1678。

［例 5-2］0.34×0.2547＝0.086598

定位：积的最高位数字 8 大于被乘数最高位数字 3，用公式（5-2）定位，即 m（0）+n（0）-1=-1（位），积数为 0.086598。

5.1.3　首档定位法（又称盘上公式定位法）

首档定位法就是根据积的首位数是否落在算盘标准首位档上来确定积的位数的一种定位方法。具体方法如下：

（1）以算盘左边第一档，作为乘积的标准首位档（所谓标准首位档是指被乘数首位数与乘数首位数相乘积的十位数加积所确定的算档）。

（2）按以下规则定位：

①两因数相乘，若积的首位数落在算盘左边第一档（首位档）上，用公式（5-1）定位，即积的位数等于被乘数位数与乘数位数之和。

②两因数相乘，若积的首位数落在算盘左边第二档（即首位档为空档）上，用公式（5-2）定位，即积的位数等于被乘数位数与乘数位数之和再减一。

［例 5-3］38×40＝1 520

从算盘左边第一档起，拨入被乘数。

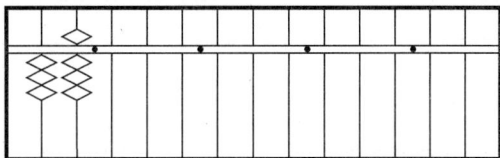

计算后的结果如下：

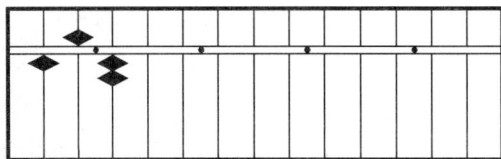

因积的首位数落在算盘首位档上，故积的位数为：2+2＝4（位），积数为 1 520。

［例 5-4］ 30.4×0.03＝0.912

从算盘左边第一档起，拨入被乘数。

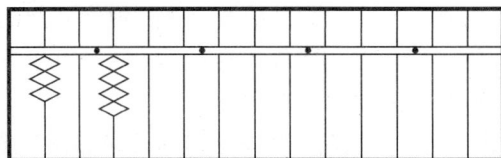

计算后的结果如下：

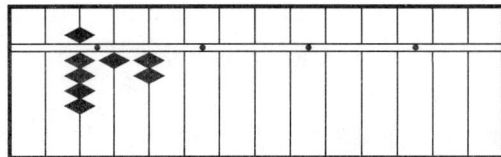

因积的首位数落在算盘次位档上，故积的位数为 2+（-1）-1＝0（位），积数为 0.912。

通常情况下，如果被乘数和乘数首位数字相乘有十位乘积，则积的首位数肯定落在算盘的首位档上，其积的位数为 m+n。但是，在有些情况下，被乘数与乘数的首位数相乘不满十，但后几位的乘积加起来，引起进位了，首位之积又落到了算盘的首位档，故其积仍是 m+n。

首档定位法可以概括为八个字，即"位数相加，空档减 1"。此方法定位快、准，尤其适用于现在普遍采用的空盘前乘法。

5.1.4　固定个位档定位法

固定个位档定位法是算前定位法，其定位规则是：

①在算盘上选定一档作为积的个位档。

②运算时，采用空盘前乘法，则从第（m+n）档开始拨加积数；若采用留头乘法或破头乘法，则把被乘数作为积的位数（m+n）对应的拨入算盘。

［例 5-5］ 400×26＝10 400（破头乘法）

因为 m+n＝3+2＝5（位），所以从记位点的左边第五档起依次拨入被乘数。

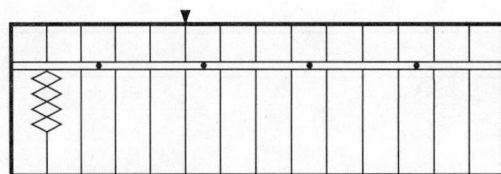

运算之后，看记位点读出答数 10 400。

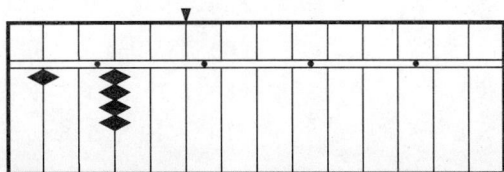

[例 5-6] 0.4×260＝104 （留头乘法）

因为 m+n＝0+3＝3 （位），所以从记位点的左边第三档起依次拨入被乘数。

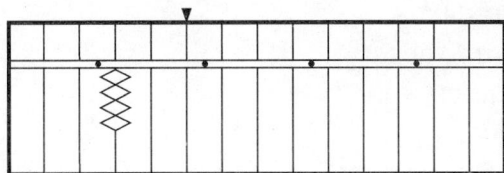

看记位点读出答数 104。

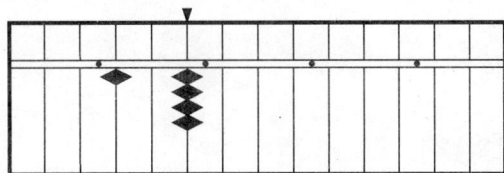

[例 5-7] 0.03×26＝0.78 （空盘前乘法）

由于 m+n＝-1+（2）＝1 （位），所以从记位点的左一档起拨加积数。

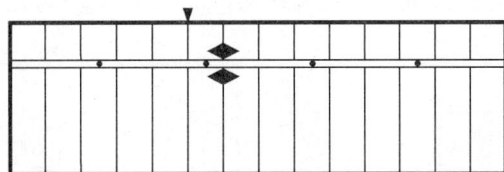

因为 "三二 06" 的零应占一档，然后 "三六 18"。看记位点读出结果 0.78。

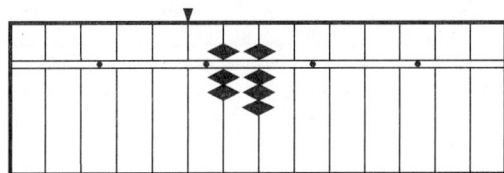

◀ **基本训练一** ▶

1. 指出下列各数的位数：

(1) 48　　　　　　　　　　　　　　(2) 721.05

(3) 5 001.86　　　　　　　　　　　(4) 0.36

(5) 0.405　　　　　　　　　　　　(6) 0.0708

(7) 760　　　　　　　　　　　　　(8) 9.52

(9) 0.003926　　　　　　　　　　(10) 0.00006

2. 根据已知条件，确定下列各数的数值：

(1) 3 098 （零位）　　　　　　　　(2) 528 （正四位）

（3）4 725（正二位）　　　　（4）1 946（零位）

（5）306（负一位）　　　　　（6）785 034（负一位）

（7）506 715（正四位）　　　（8）2 791（正二位）

（9）7 356（负二位）　　　　　（10）419（负三位）

3. 分别对以下各题进行定位：

（1）708×205→14 514

（2）70.8×2 050→14 514

（3）0.708×0.02050→14 514

（4）0.0708×2 050→14 514

（5）7 080×0.205→14 514

（6）6.25×800→5

（7）625×0.80→5

（8）6 250×0.008→5

（9）0.625×0.08→5

（10）0.0625×0.8→5

5.2　乘法九九口诀

珠算的基本乘法是用口诀指导拨珠运算的，乘法口诀是根据 1 到 9 九个数字分别乘以 1 到 9 九个数字而编制，共计 81 句，叫大九九口诀（见表 5-1）。

表 5-1

积 / 被乘数 / 乘数	一	二	三	四	五	六	七	八	九
一	一一 01	一二 02	一三 03	一四 04	一五 05	一六 06	一七 07	一八 08	一九 09
二	二一 02	二二 04	二三 06	二四 08	二五 10	二六 12	二七 14	二八 16	二九 18
三	三一 03	三二 06	三三 09	三四 12	三五 15	三六 18	三七 21	三八 24	三九 27
四	四一 04	四二 08	四三 12	四四 16	四五 20	四六 24	四七 28	四八 32	四九 36
五	五一 05	五二 10	五三 15	五四 20	五五 25	五六 30	五七 35	五八 40	五九 45
六	六一 06	六二 12	六三 18	六四 24	六五 30	六六 36	六七 42	六八 48	六九 54
七	七一 07	七二 14	七三 21	七四 28	七五 35	七六 42	七七 49	七八 56	七九 63
八	八一 08	八二 16	八三 24	八四 32	八五 40	八六 48	八七 56	八八 64	八九 72
九	九一 09	九二 18	九三 27	九四 36	九五 45	九六 54	九七 63	九八 72	九九 81

在大九九口诀表中，大数在前，小数在后的 36 句，称为逆九九口诀，其余的 45 句，称为小九九口诀。因其小数在前，大数在后，念起来比较顺口，又称为顺九九口诀。

乘法口诀中，前两个中文数字分别表示乘数和被乘数，后两个阿拉伯数字表示积的十位数和个位数。凡遇到积是一位数的，都在乘积前加上一个"0"，如二二 04、二四 08。从数字的角度看，整数前的 0 是没有意义的，可在算盘上 0 应占一档位，在没有十位数的乘积前加一个"0"，可避免在运算中加错档次，保持数位对应。

在进行珠算基本乘法运算时，应采用大九九口诀。由于大九九口诀不用颠倒乘数与被乘数的顺序，容易记乘数，且不容易出错，有利于提高运算质量和速度。

5.3　一位乘法

一位乘法是指两因数中有一个因数的有效数是一位数字的乘法。学好一位乘法是学好多位乘法的基础。因为实际上多位乘法是一位乘法之积在不同档次上的叠加。另外，练习一位乘法，也是熟悉大九九口诀的有效方法。现介绍使用较为普遍的破头乘法和空盘前乘法。

5.3.1　一位破头乘法

破头乘法是一种不隔位置数后乘法。其运算步骤如下：

（1）置数：①用公式定位法定位时，可任选适当档置上被乘数，但被乘数右边空出档位应满足运算。②用固定个位档定位法定位时，应先选定个位档（一般以算盘左边第二个记位点），然后用两因数的位数之和（m+n），来确定被乘数的起拨档位，顺序置被乘数。③用首档定位法定位时，以算盘左边第一档作为标准首位档，拨被乘数入盘。

（2）默记乘数。

（3）乘算顺序：用被乘数末位至首位分别乘乘数，然后将所得乘积加在对应档位上。

（4）加积方法：被乘数本位同乘数相乘时，其本位改为乘积的十位数，个位数在右一档，依次类推。若乘积不满十，应先拨去被乘数后，在右一位拨上个位积。

（5）定位：①用公式定位法定位时，比较积与乘数（或被乘数）的最高位数字。若积的最高位数字大于或一个大于、另一个等于乘数（或被乘数）的最高位数字，用公式（5-2）定位，即 m+n-1；反之，则用公式（5-1）定位，即 m+n。②用固定个位档定位法定位时，可以直接抄写答案。③用首档定位法定位时，积的位数等于两因数的位数相加，若首档无积数应再减 1。

［例 5-8］　$9\ 614 \times 3 = 28\ 842$

运算步骤：

①采用固定个位档定位法（盘上第二个记位点为小数点）置被乘数，默记乘数 3。

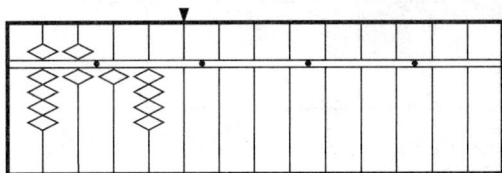

②用乘数 3 先乘以被乘数的末位数 4，"三四 12"，把 4 改成 1，在下一档加上 2。

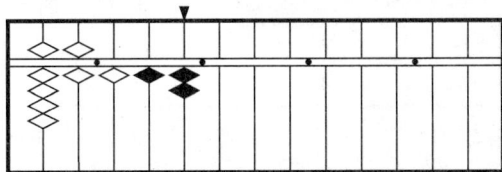

③用乘数 3 乘以被乘数的 1，"三一 03"，把被乘数 1 拨去，在下一档加上 3。

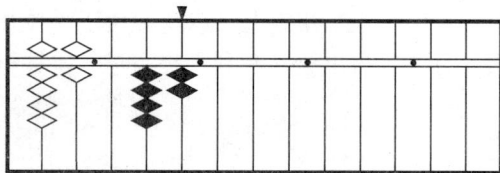

④用乘数 3 乘以被乘数的 6，"三六 18"，把 6 改成 1，在下一档加上 8。

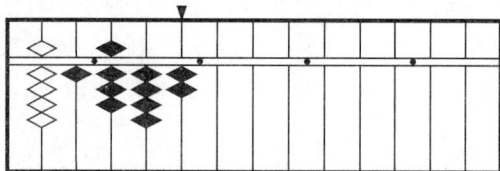

⑤用乘数 3 乘以被乘数的 9，"三九 27"，把 9 改成 2，在下一档加上 7。

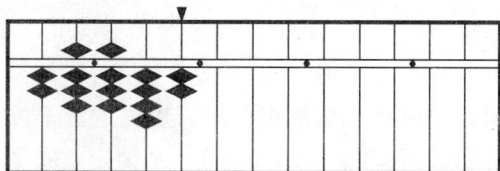

⑥直接盯盘写积数 28 842。

若用公式法定位，因积的最高位数字 2 小于乘数的最高位数字 3，用公式（5-1）定位，其积的位数为 4+1=5（位），故其积为 28 842。

［例 5-9］ 25 910×3＝77 730

运算步骤：

①采用固定个位档定位法，置被乘数，默记乘数 3。

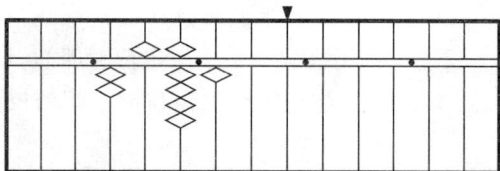

②用乘数 3 乘以被乘数的末位数字 1，"三一 03"，拨去被乘数 1，在下一档加 3。

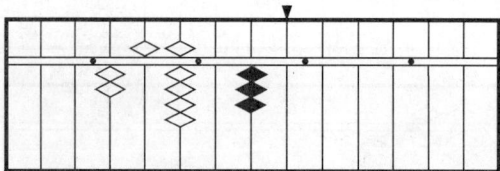

③用乘数 3 乘以被乘数的 9，"三九 27"，把 9 改成 2，在下一档加上 7。

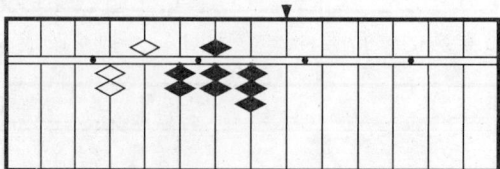

④用乘数 3 乘以被乘数的 5，"三五 15"，把 5 改成 1，在下一档加上 5。

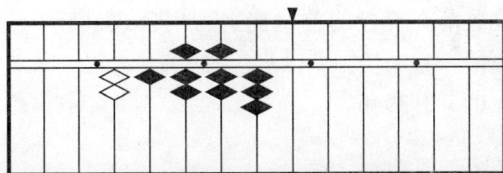

⑤用乘数 3 乘以被乘数的 2，"三二 06"，空出十位档，在下一档加上 6。

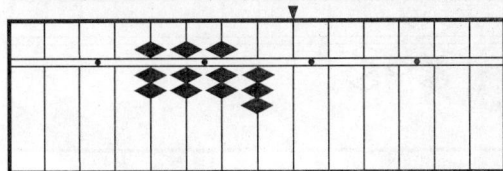

⑥得积数为 77 730。

若用公式定位法定位，因积的最高位数字 7 大于被乘数最高位数字 2，用公式（5-2）定位，m+n-1 = 5+1-1 = 5（位），故积数为 77 730。

［例 5-10］36.75×80 = 2 940

运算步骤：

①用首档定位法定位，从算盘左边第一档起，依次拨入被乘数，默记乘数 8。

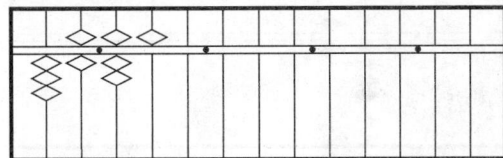

②用乘数 8 乘以被乘数的末位数字 5，"八五 40"，把 5 改成 4。

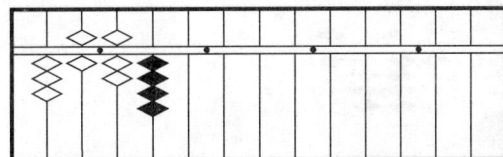

③用乘数 8 乘以被乘数的 7，"八七 56"，把 7 改成 5，下位加 6。

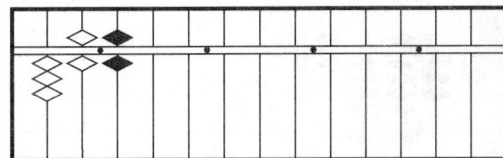

④用乘数 8 乘以被乘数的 6，"八六 48"，把 6 改成 4，下位加 8。

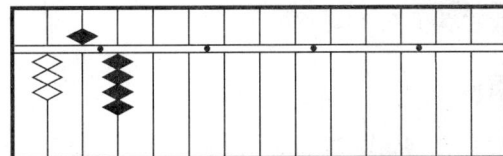

⑤用乘数 8 乘以被乘数的 3，"八三 24"，把 3 改成 2，下位加 4。

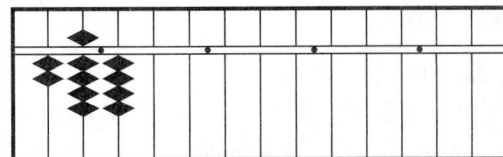

⑥定位。因积的首位数落在算盘的首位档上，用公式（5-1）定位，即 m+n=2+2=4（位），故积数为 2 940。

［例 5-11］ 19.73×0.02=0.3946

运算步骤：

①用首档定位法定位，从算盘左边第一档起，顺序拨入被乘数，默记乘数 2。

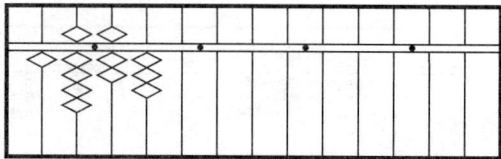

②用乘数 2 乘以被乘数的末位数字 3，"二三 06"，空出十位档，在下档加 6。

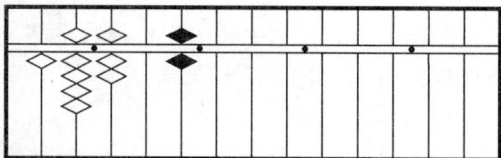

③用乘数 2 乘以被乘数的 7，"二七 14"，把 7 改成 1，在下档加 4。

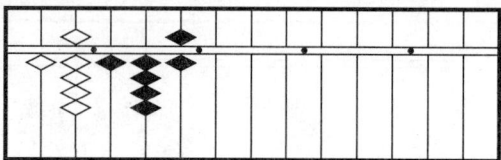

④用乘数 2 乘以被乘数的 9，"二九 18"，把 9 改成 1，在下档加 8。

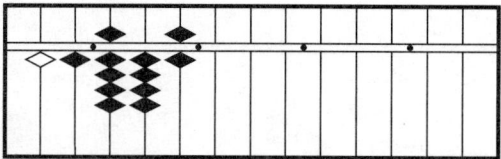

⑤用乘数 2 乘以被乘数的 1，"二一 02"，空出十位档，在下档加 2。

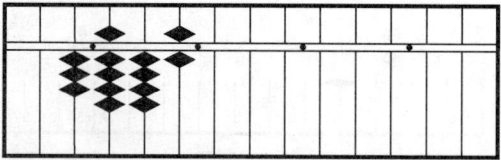

⑥定位。因积的首位数落在算盘次位档上，所以用公式（5-2）定位，即 m+n-1=2+（-1）-1=0（位），故积数为 0.3946。

5.3.2　一位空盘前乘法

空盘前乘法的"空盘"是指被乘数和乘数均不置在算盘上，而"前乘"是被乘数和乘数从高位乘起的一种方法。其运算步骤如下：

（1）先确定标准首位档（起始档），默记乘数。

（2）乘算顺序：用被乘数首位至末位分别乘乘数，将所得的积加在对应档位上。

（3）加积的方法：本位在被乘数中是第几位的，它与乘数相乘积的十位数就加在标准首位档的第几档上，个位数在右一档，依此类推。

（4）定位：选择首档定位法定位和公式定位法定位均可。

［例 5-12］ 0.6924×0.8 = 0.55392

运算步骤：

①用乘数 8 与被乘数的首位数 6 相乘，"八六 48"，将乘积十位数拨在算盘左边第一档上，乘积的个位数拨在下一档上，盘上算珠为 48。

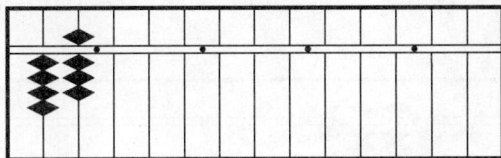

②用乘数 8 与被乘数的 9 相乘，"八九 72"，从第二档起依次拨加乘积 72，盘上算珠为 552。

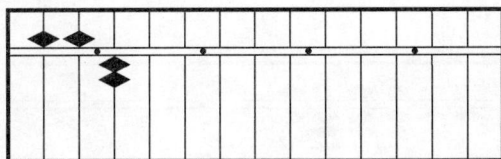

③用乘数 8 与被乘数的 2 相乘，"八二 16"，从第三档起依次拨加乘积 16，盘上算珠为 5 536。

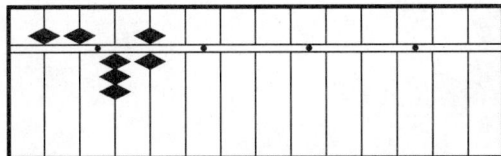

④用乘数 8 与被乘数的 4 相乘，"八四 32"，从第四档起依次拨加乘积 32，盘上算珠为 55 392。

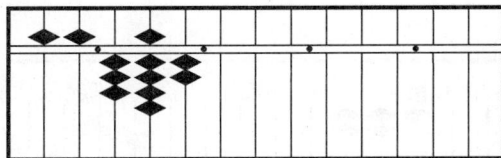

⑤定位：因首位档有积数，其积的位数为 0+0 = 0（位），故积数为 0.55392。

［例 5-13］ 130.94×900 = 117 846

运算步骤：

①用乘数 9 与被乘数的首位数 1 相乘，"九一 09"，从算盘左边第一档起依次拨加乘积 09（乘积十位数是 0 时，应占一档），盘上算珠为 09。

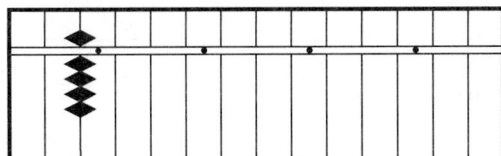

②用乘数 9 与被乘数的 3 相乘，"九三 27"，从第二档起依次拨加乘积 27，盘上算珠为 117。

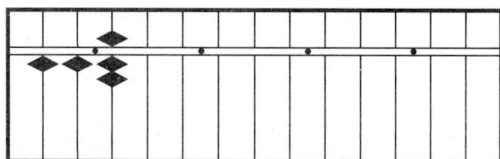

（注：被乘数中间有 0 时，跳过不乘）

③用乘数 9 与被乘数的 9 相乘，"九九 81"，从第四档起依次拨加乘积 81，盘上算珠为 11 781。

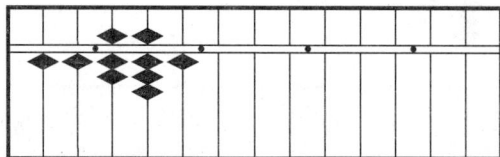

④用乘数 9 与被乘数的 4 相乘，"九四 36"，从第五档起依次拨加乘积 36，盘上算珠为 117 846。

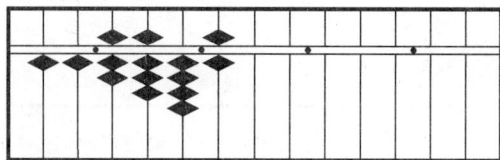

⑤定位：因首档有积数，其积的位数为 m+n=3+3=6（位），故积数 117 846。

[例 5–14] 20.19×0.5=10.095

运算步骤：

①用乘数 5 与被乘数的首位数 2 相乘，"五二 10"，从算盘左边第一档起依次拨加乘积 10，盘上算珠为 10。

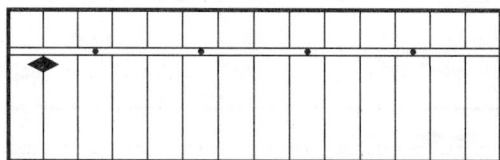

②用乘数 5 与被乘数的 1 相乘，"五一 05"，从第三档起依次拨加乘积 05，盘上算珠为 1 005。

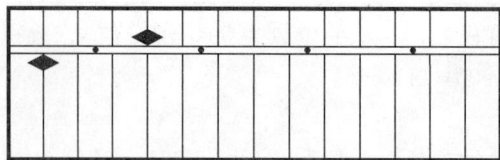

③用乘数 5 与被乘数的 9 相乘，"五九 45"，从第四档起依次拨加乘积 45，盘上算珠为 10 095。

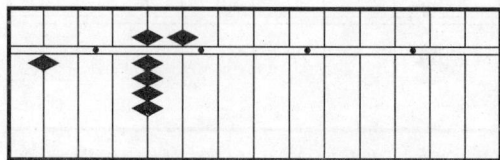

④定位：因首档有积数，其积的位数为 m+n=2+0=2（位），故积数为 10.095。

◀ **基本训练二** ▶

计算下列各题：

(1) 684×0.05 =　　　　　　　　　(2) 671×0.7 =

(3) 713×0.8 =　　　　　　　　　(4) 812×0.06 =

(5) 1 258×7 =　　　　　　　　　(6) 4 358×3 =

(7) 3 819×6 =　　　　　　　　　(8) 9 081×8 =

(9) 3 792×90 =　　　　　　　　(10) 5 249×40 =

(11) 8 613×50 =　　　　　　　(12) 1 907×30 =

(13) 950.4×400 =　　　　　　(14) 2.635×700 =

(15) 5.426×600 =　　　　　　(16) 386.2×900 =

(17) 3 746×0.02 =　　　　　　(18) 95.042×80 =

(19) 75 600×0.008 =　　　　(20) 509.76×2 =

5.4　多位乘法

多位乘法是指被乘数与乘数均为两位数以上的乘法。多位乘法的方法很多，本节介绍常用的三种基本方法：①留头乘法；②破头乘法；③空盘前乘法。

5.4.1　留头乘法

留头乘法属于置数后乘法，所以被乘数是从末位到首位的一种乘算顺序。而留头是相对于破头而言，故乘数是从第二位开始与被乘数相乘（把头一位留着）依次乘第三位、第四位，直至末位，最后再用乘数的第一位与被乘数相乘的方法。其运算步骤如下：

（1）置数：应根据定位方法的要求置数。如用固定个位档定位法，就应选一记位点，然后置被乘数；用首档定位法，就以算盘左边第一档作为被乘数首位档，然后置被乘数。

（2）默记乘数：应按留头乘的顺序默记乘数，如乘数 913，应默记为 139，即将乘数首位数默记在最后。

（3）运算顺序：先用乘数的第二位、第三位至末位，然后用乘数的首位数分别与被乘数的末位数相乘，再与被乘数的倒数第二位数相乘，依此类推，直至乘完被乘数所有数字为止。

（4）加积档次：乘积是第几位的数字，它与被乘数相乘，其乘积的十位数就加在被乘数右边的第几档（含被乘数本位档）上，个位数加在下一档上，最后乘数首位数与被乘数相乘，其积的十位数正好在被乘数首位档上（其积的十位数应该用被乘数去改）。拨珠顺序是先加十位数，后加个位数。

（5）定位：可选用公式定位法、固定个位档定位法或首档定位法。

［例 5-15］ 69.40×278 = 19 293.2

运算步骤：

①采用固定个位档定位法（盘上左数第二个记位点为小数点）定位。把被乘数当做

积的位数对应地拨入算盘，并默记乘数 782。

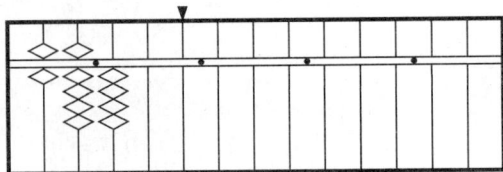

②用默记的乘数 782，乘以被乘数的 4。

A. "七四 28"，从被乘数 4 的右一档起拨加乘积 28。

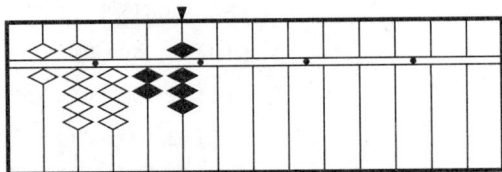

B. "八四 32"，从被乘数 4 的右二档起拨加乘积 32。

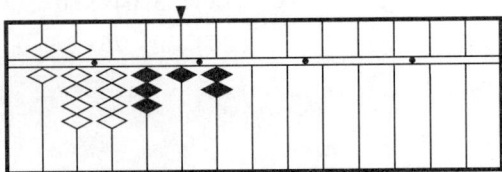

C. "二四 08"，将被乘数 4 拨去，在下一档加 8。

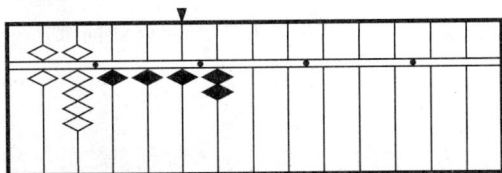

③用默记的乘数 782 乘以被乘数的 9。

A. "七九 63"，从被乘数 9 的右一档起拨加乘积 63。

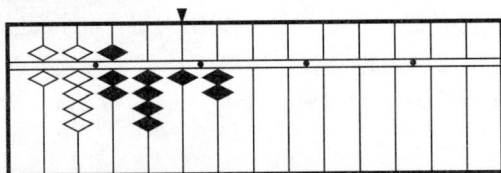

B. "八九 72"，从被乘数 9 的右二档起拨加乘积 72。

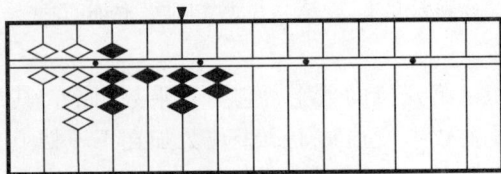

C. "二九 18"，将被乘数 9 改成 1，在下一档加 8。

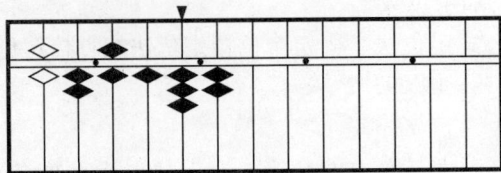

④用默记的乘数 782，乘以被乘数的 6。

A. "七六 42"，从被乘数 6 的右一档起拨加乘积 42。

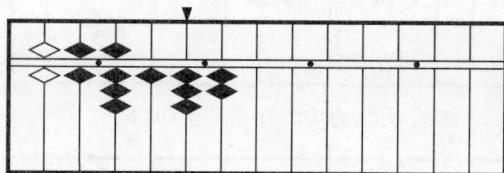

B. "八六 48"，从被乘数 6 的右二档起拨加乘积 48。

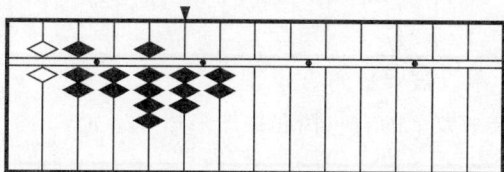

C. "二六 12"，将被乘数 6 改为 1，下一档加 2。

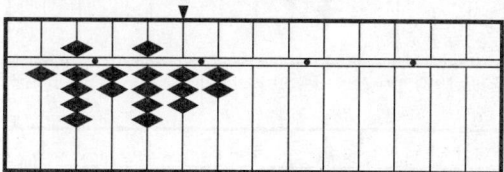

⑤盯盘写积数 19 293.2。

若用公式法定位，因其积的最高位数字 1 小于被乘数的最高位数字 6，用公式（5-1）定位，即 m+n＝2+3＝5（位），故积数为 19 293.2。

［例 5-16］ 2.76×34.5＝95.22

运算步骤：

①采用固定个位档定位法定位。把被乘数当做积的位数对应地拨入算盘，默记乘数 453。

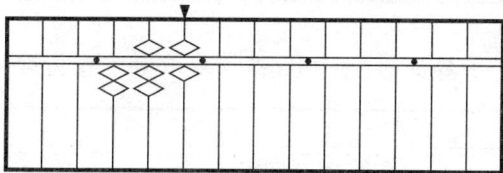

②用默记的乘数 453 乘以被乘数的 6。

A. "四六 24"，从被乘数 6 的右一档起拨加乘积 24。

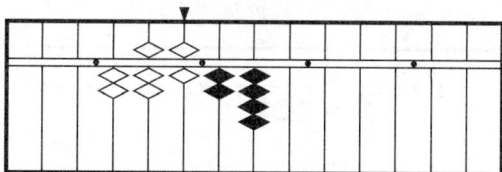

B. "五六 30"，从被乘数 6 的右二档起拨加乘积 30。

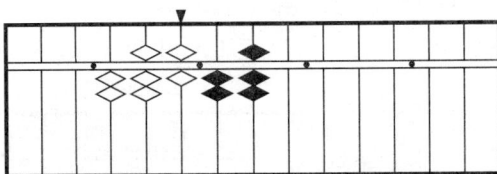

C. "三六 18"，将被乘数的 6 改为 1，在下一档加 8。

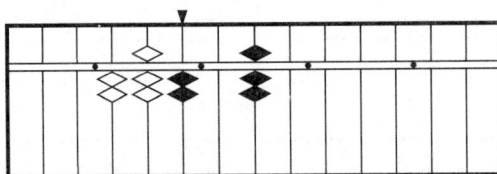

③用默记的乘数 453 乘以被乘数的 7。

A. "四七 28"，从被乘数 7 的右一档起拨加乘积 28。

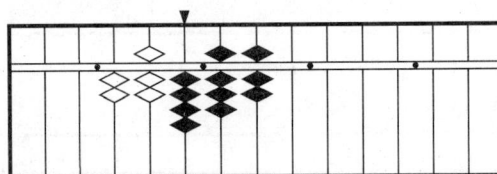

B. "五七 35"，从被乘数 7 的右二档起拨加乘积 35。

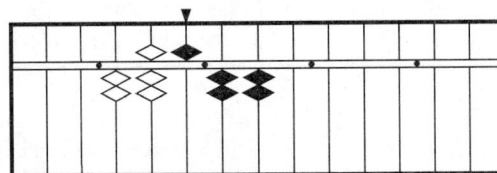

C. "三七 21"，将被乘数的 7 改为 2，在下一档加 1。

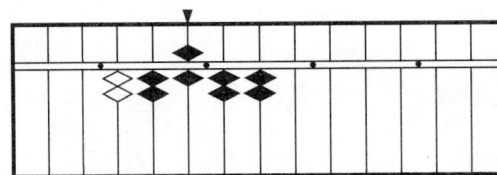

④用默记的乘数 453 乘以被乘数 2。

A. "四二 08"，从被乘数 2 的右一档起拨加乘积 08（十位乘积为 0，应占一档位）。

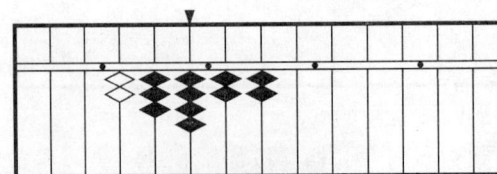

B. "五二 10"，从被乘数 2 的右二档起拨加乘积 10。

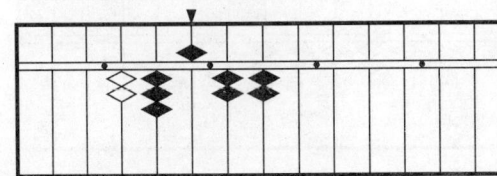

C. "三二 06"，将被乘数 2 拨去，在下一档加 6。

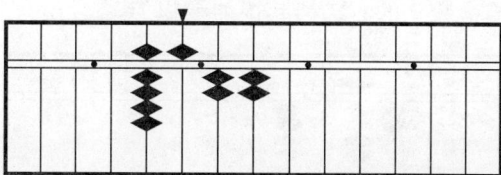

⑤盯盘写积数 95.22。

若用公式定位法定位，因其积的最高位数字 9 大于乘数的最高位数字 3，用公式（5-2）定位，即 $m+n-1=1+2-1=2$（位），故积数为 95.22。

［例 5-17］ $72.3×6.48=468.504$

运算步骤：

①用首档定位法定位。从算盘左边第一档起，依次拨入被乘数，并默记乘数 486。

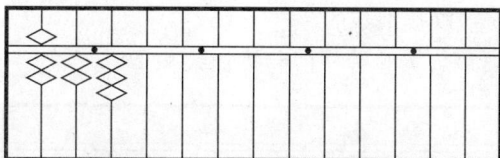

②用默记的乘数 486 乘以被乘数末位数 3。

A. "四三 12"，从被乘数 3 的右一档起拨加乘积 12。

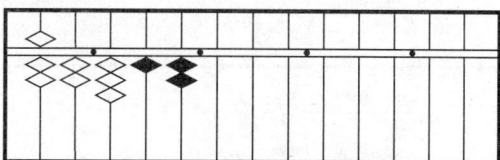

B. "八三 24"，从被乘数 3 的右二档起拨加乘积 24。

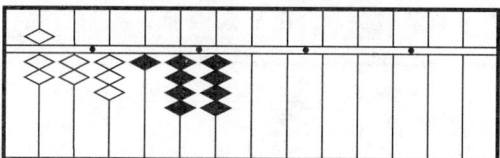

C. "六三 18"，将被乘数 3 改为 1，在下一档加 8。

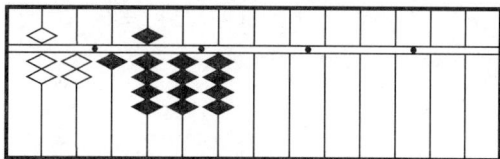

③用默记的乘数 486 乘以被乘数的 2。

A. "四二 08"，从被乘数 2 的右一档起拨加乘积 08。

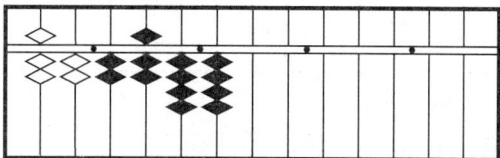

B. "八二 16"，从被乘数 2 的右二档起拨加乘积 16。

C. "六二 12"，将被乘数 2 改为 1，在下一档加 2。

④用默记的乘数 486 乘以被乘数的 7。

A. "四七 28"，从被乘数 7 的右一档起拨加乘积 28。

B. "八七 56"，从被乘数 7 的右二档起拨加乘积 56。

C. "六七 42"，将被乘数 7 改为 4，在下一档加 2。

⑤定位：因首档有积数，其积的位数为 m+n=2+1=3（位），故积数为 468.504。

［例 5-18］ 126 000×0.645＝81 270

运算步骤：

①用首档定位法定位。从算盘左边第一档起依次拨入被乘数，默记乘数 456。

②用默记的乘数 456 乘以被乘数的 6。

A. "四六 24"，从被乘数 6 的右一档起拨加乘积 24。

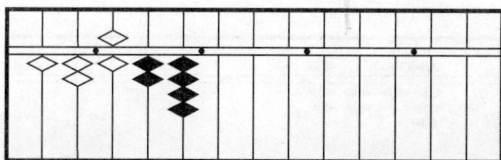

B. "五六 30"，从被乘数 6 的右二档起拨加乘积 30。

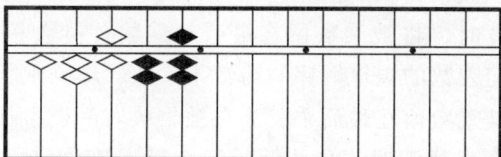

C. "六六 36"，将被乘数 6 改为 3，在下一档加 6。

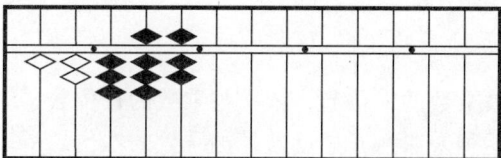

③用默记的乘数 456 乘以被乘数的 2。

A. "四二 08"，从被乘数 2 的右一档起拨加乘积 08（十位，求积为 0，应占一档位）。

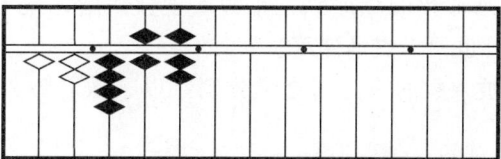

B. "五二 10"，从被乘数 2 的右二档起拨加乘积 10。

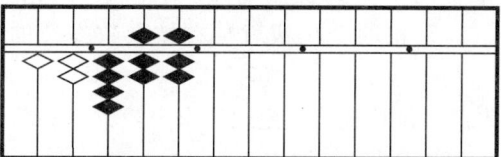

C. "六二 12"，将被乘数 2 改为 1，在下一档加 2。

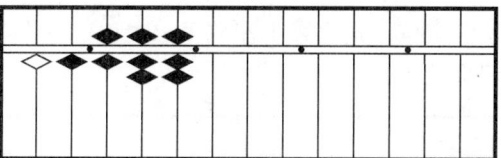

④用默记的乘数 456 乘以被乘数的 1，即加乘数本身，但要注意档次。

A. 从被乘数 1 的右一档起拨加 045。

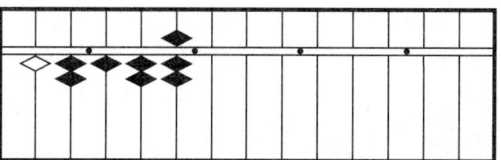

B. 将被乘数 1 拨去，下一档加 6。

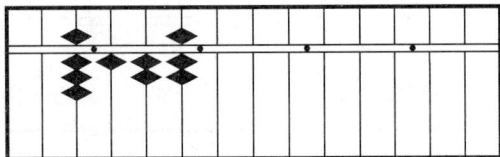

⑤定位：因首档无积数，其积的位数为 $m+n-1=6+0-1=5$（位），故积数为 81 270。

由于留头乘法在运算时，将被乘数留在最后与乘数首位数相乘，因此容易看清被乘数，初学者容易掌握。但乘数的乘算顺序与习惯不一致，影响乘数的默记，所以运算速度不快。另外，由于要将被乘数留在最后乘，当在被乘数右一档上加乘积，即使满十也不能进位，在没有底珠、顶珠来暂记时，只能凭脑记，等到被乘数同乘数首位相乘后，才能进位。

5.4.2　破头乘法

多位数相乘时，从被乘数的末位起，依次与乘数的首位数、第二位数，一直到乘数的末位数乘完为止。由于这种乘法一开始就破掉被乘数的本位，所以称破头乘法。其运算步骤如下：

（1）置数：可以根据固定个位档定位法置被乘数，也可以用首档定位法置被乘数。

（2）默记乘数：按原乘数的顺序默记乘数。读口诀时，用大九九口诀先读被乘数，再读乘数，可减少差错，也便于提高速度。

（3）乘算顺序：用被乘数的末位到首位分别乘以乘数首位、第二位、第三位，直至末位。

（4）加积的方法：被乘数本位与乘数的各位数相乘，本位改为乘积的十位数，个位数加在右一档，下次乘积的十位数就在此档，个位数又在右一档，依此类推。也就是说，乘数是第几位的，其乘积的个位数就加在被乘数本位的右几档上，十位数在左一档。

（5）积的定位：用固定个位档或公式定位法求出积数（答数）。

［例 5-19］ 987×364＝359 268

运算步骤：

①用固定个位档定位法定位。选定盘上左数第三个记位点作为小数点把被乘数当作积的位数对应拨入，并默记乘数 364。

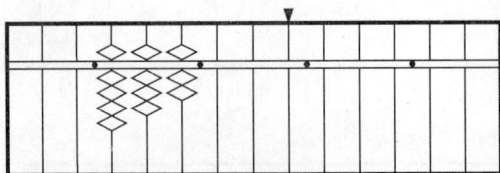

②用默记的乘数 364 同被乘数末位数 7 相乘，"七三 21"，将被乘数 7 改为乘积的十位数 2，在下一档加乘积的个位数 1，再逐次向右移档（上次加积的个位档是本次加积的十位档），拨加乘积 42 和 28，盘上算珠为 982 548。

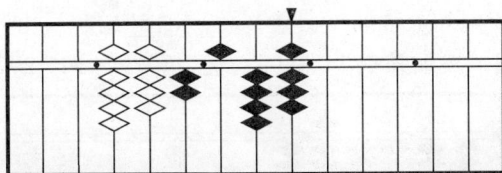

③用默记的乘数 364 同被乘数的 8 相乘，"八三 24"，将被乘数 8 改为乘积的十位数 2，在下一档加乘积的个位数 4，再逐次向右移档（上次加积的个位档是本次加积的十位档），拨加乘积 48 和 32，盘上算珠为 931 668。

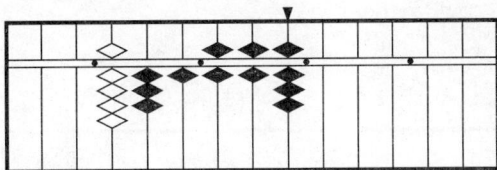

④用默记的乘数 364 同被乘数的 9 相乘，"九三 27"，将被乘数 9 改为乘积的十位数 2，在下一档加乘积的个位数 7，再逐次向右移档（上次加积的个位档是本次加积的十位档），拨加乘积 54 和 36，盘上算珠为 359 268。

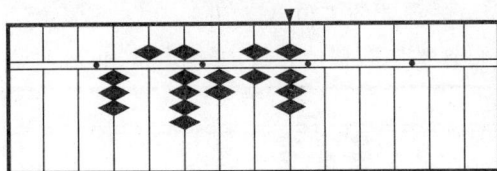

⑤盯盘写积数 359 268。

［例 5-20］　32.4×68.3 = 2 212.92

运算步骤：

①用首档定位法定位。从算盘左边第一档起拨入被乘数，默记乘数 683。

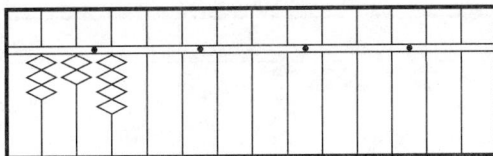

②用默记的乘数 683 同被乘数末位数 4 相乘，"四六 24"，将被乘数 4 改为乘积的十位数 2，在下一档加乘积的个位数 4，再逐次向右移档（加积的档次同前例），拨加乘积 32 和 12，盘上算珠为 322 732。

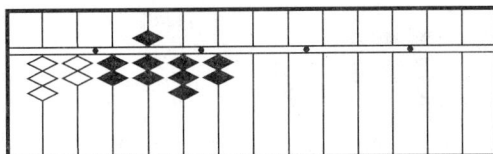

③用默记的乘数 683 同被乘数的 2 相乘，"二六 12"，将被乘数 2 改为乘积的十位数 1，在下一档加乘积的个位数 2，再逐次向右移档，拨加乘积 16 和 06，盘上算珠为 316 392。

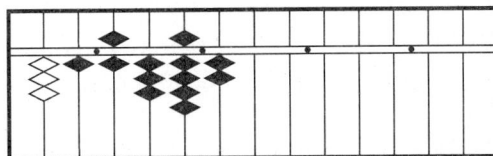

④用默记的乘数 683 同被乘数的 3 相乘，"三六 18"，将被乘数 3 改为 1，在下一档加乘积 8，再逐次向右移档，拨加乘积 24 和 09，盘上算珠为 221 292。

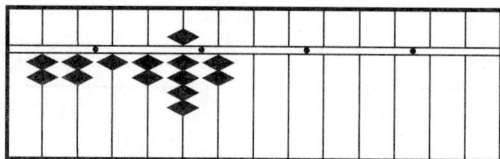

⑤定位：因首档有积数，故积的位数为 m+n=2+2=4（位），故积数为 2 212.92。

［例 5-21］ 0.392×0.247=0.096824

运算步骤：

①用首档定位法定位。从算盘左边第一档起拨入被乘数，默记乘数 247。

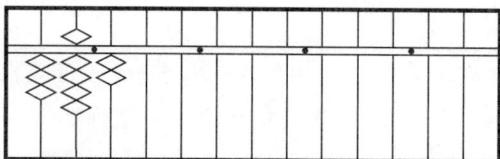

②用默记的乘数 247 与被乘数的末位数 2 相乘，"二二 04"，将被乘数 2 拨去，在下一档加乘积的个位数 4，再逐次向右移档，拨加乘积 08 和 14，盘上算珠为 390 494。

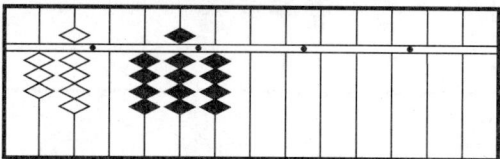

③用默记的乘数 247 与被乘数 9 相乘，"九二 18"，将被乘数 9 改为乘积的十位数 1，下一档加乘积的个位数 8，再逐次向右移档，拨加乘积 36 和 63，盘上算珠为 322 724。

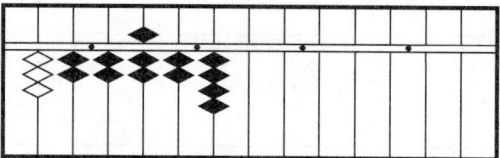

④用默记的乘数 247 与被乘数的 3 相乘，"三二 06"，把被乘数 3 拨去，在下一档加乘积的个位数 6，再逐次向右移档，拨加乘积 12 和 21，盘上算珠为 96 824。

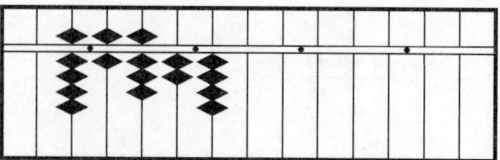

⑤定位：因首档无积数，其积的位数为 m+n-1=0+0-1=-1（位），故积数为 0.096824。

破头乘法运算时，被乘数从末位至首位，分别与乘数自左向右顺序乘算，运算顺序较顺手，若能在运算时，熟练运用大九九口诀，并牢记被破掉的被乘数，顺次叠加积数，一气呵成，速度是很快的。

5.4.3 空盘前乘法

空盘前乘法是将被乘数和乘数均不拨在算盘上，而是眼看被乘数，默记乘数，直接把乘积拨加在算盘对应的档次上。空盘前乘法的运算顺序是被乘数从首位至末位，依次与乘数的首位至末位相乘，直至乘完所有位数为止。其运算步骤如下：

（1）先确定标准首位档（起始档）。默记乘数。

（2）乘算顺序：用被乘数的首位至末位分别乘以乘数首位、第二位、第三位，直至末位。

（3）加积方法：本位在被乘数中是第几位的，它与乘数首位相乘积的十位数就加在标准首位档的第几档上，个位在右一档，下次乘积的十位数即在此档，个位又在右一档，依次类推。

（4）积的定位：用盘上公式定位法或公式定位法求出答数。

［例 5-22］ 54 700×2.69 = 147 143

运算步骤：

①用首档定位法定位。用被乘数首位数 5 分别乘以乘数 269，从第一档起依次拨加乘积 10、30 和 45，盘上算珠为 1 345。

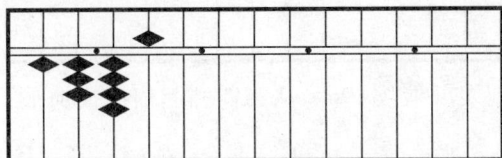

①用被乘数的 4 分别乘以乘数 269，从第二档起依次拨加乘积 08、24 和 36，盘上算珠为 14 526。

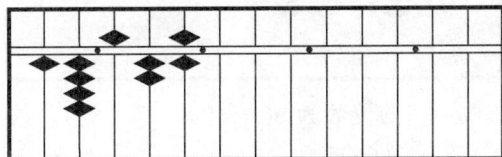

③用被乘数的 7 分别乘以乘数 269，从第三档起依次拨加乘积 14、42 和 63，盘上算珠为 147 143。

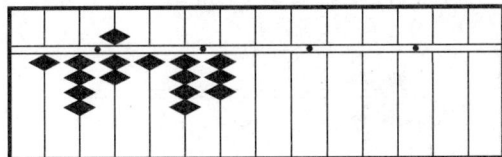

④定位：因首档（第一档）有积数，其积的位数为 m+n = 5+1 = 6（位），故积数为 147 143。

［例 5-23］ 0.1492×896 = 133.6832

运算步骤：

①用首档定位法定位。用被乘数的 1 分别乘以乘数 896，从第一档起依次拨加乘积 08、09 和 06，盘上算珠为 896。

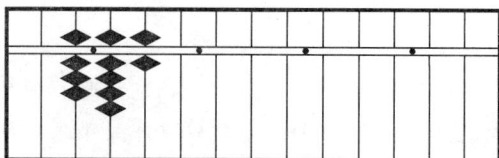

②用被乘数的 4 分别乘以乘数 896，从第二档起依次拨加乘积 32、36 和 24，盘上算珠为 12 544。

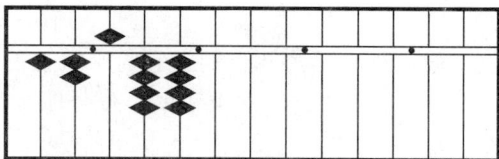

③用被乘数的 9 分别乘以乘数 896，从第三档起依次拨加乘积 72、81 和 54，盘上算珠为 133 504。

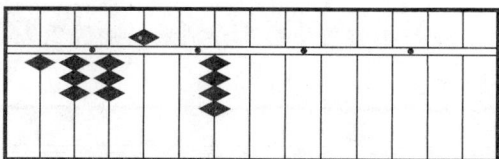

④用被乘数的 2 分别乘以乘数 896，从第四档起依次拨加乘积 16、18 和 12，盘上算珠为 1 336 832。

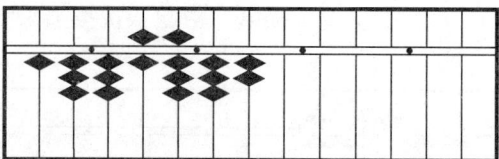

⑤定位：因首档有积数，积的位数为 m+n＝0+3＝3（位），故积数为 133.6832。

［例 5-24］ 96.25×0.142＝13.6675

运算步骤：

①用公式定位法定位。用被乘数的 9 乘以乘数 142，从第一档起依次拨加乘积 09、36、18，盘上算珠为 1 278。

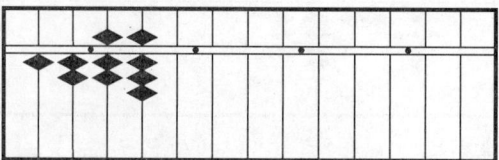

②用被乘数的 6 乘以乘数 142，从第二档起依次拨加乘积 06、24 和 12，盘上算珠为 13 632。

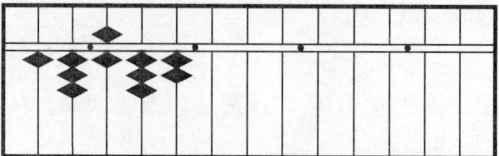

③用被乘数的 2 乘以乘数 142，从第三档起依次拨加乘积 02、08 和 04，盘上算珠为 136 604。

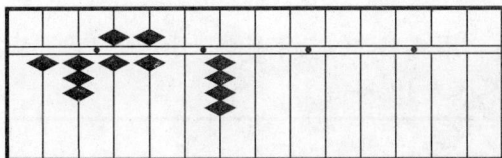

④用被乘数的 5 乘以乘数 142，从第四档起依次拨加乘积 05、20 和 10，盘上算珠为 136 675。

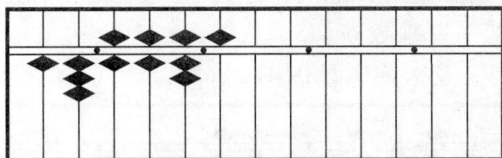

⑤定位：因积的首位数 1 小于被乘数 9，故用公式（5-1）定位，即 $m+n=2+0=2$（位），故积数为 13.6675。

[例 5-25]　$0.01089 \times 0.3476 = 0.003785364$

运算步骤：

①用公式定位法定位。用被乘数 1 分别乘以乘数 3 476，从第一档起依次拨加乘积 03、04、07 和 06（也可说是乘 1 退档加 3 476），盘上算珠为 3 476。

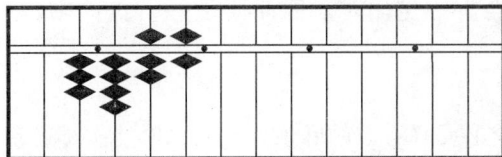

（注：被乘数中间的 0 跳过不乘）

②用被乘数的 8 分别乘以乘数 3 476，从第三档起依次拨加乘积 24、32、56 和 48，盘上算珠为 375 408。

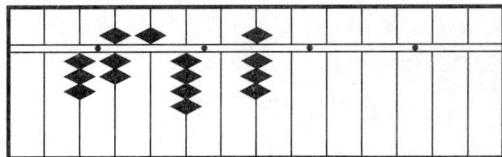

③用被乘数的 9 分别乘以乘数 3 476，从第四档起依次拨加乘积 27、36、63 和 54，盘上算珠为 3 785 364。

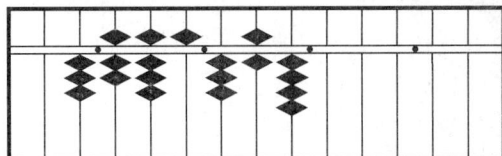

④因积的首位数 3 等于乘数的首位数 3，但大于被乘数的首位数 1，故用公式（5-2）

定位，即 m+n-1=-1+0-1=-2（位），积数为 0.003785364。

［例 5-26］3 006×6.478=19 472.868

运算步骤：

①用公式定位法定位。用被乘数的 3 分别乘以乘数 6 478，从第一档起依次拨加乘积 18、12、21 和 24，盘上算珠为 19 434。

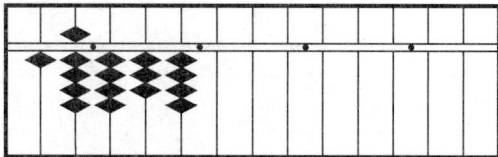

②用被乘数的 6 分别乘以乘数 6 478，从第四档起依次拨加乘积 36、24、42 和 48（应注意档次，以免加错），盘上算珠为 19 472 868。

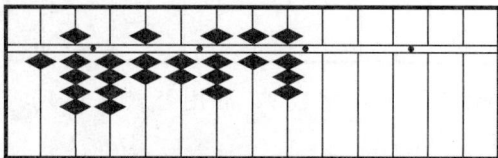

③定位：因积的首位数 1 小于被乘数的首位数 3，故用公式（5-1）定位，即 m+n=4+1=5（位），积数为 19 472.868。

空盘前乘法由于拨珠次数较少，所以运算速度较快，是一种较好的方法。

空盘前乘法因实数、法数均不拨入算盘，需要随时记住法数，并要常看实数，更要注意加积的档次，初学时会有一定困难。因此要学好空盘前乘法，应加强以下基本功的训练：

（1）默记乘数

记住了乘数，就减少了反复看数的麻烦，且加积时能按部就班、不易出错，可先练三位乘，再逐步增加位数，由易到难，逐步达到运用自如。

（2）大九九口诀要直观反映

珠算乘法要用大九九口诀，否则将记不牢乘数，并容易出错。因此，要熟练掌握大九九口诀。但要提高乘算速度，还要不读大九九口诀，做到见数就能拨加积数。例如 73×258，记牢 258，眼看被乘数 7，脑中闪现 258 乘 7，手就拨加 14、35、56 入盘。眼看被乘数 3，脑中闪现 258 乘 3，手就拨加 06、15、24 入盘。注意脑中只闪现乘数和被乘数，不能念口诀，否则会因记不牢乘数而影响速度和准确度。经过一段时间的练习，就能做到见数拨珠。

（3）指不离档

在珠算乘法运算过程中，要防止积数拨错档次，尤其乘数中有 0 时，更易发生差错。预防的方法是指不离档，加完十位加个位，手指停在个位档上，这个个位档正好是被乘数乘以下一位乘数应加积的十位档（正所谓前一个数的个位档是后一个数的十位档）。如果当乘数中间有 0 时，手指应自动移向下一档。

（4）定位、写答案要迅速

定位与答案书写是乘法运算的重要一环。定位与写答案的快慢，直接影响计算的速度和准确性。空盘前乘法用首档定位法比较好。要经过训练，以达到眼看算盘，手写积数，并能与定位法结合起来，一气呵成。另外，写积数时应注意积数的精确度的要求，及时四舍五入。

◆◀ **基本训练三** ▶◆

1. 计算下列各题：

（1）934×57 =

（2）273×98 =

（3）603×13 =

（4）1 687×42 =

（5）2 376×59 =

（6）7 863×28 =

（7）865×304 =

（8）617×842 =

（9）254×379 =

（10）37×2 197 =

（11）84×6 739 =

（12）56×4 905 =

（13）9 032×514 =

（14）4 175×907 =

（15）6 109×723 =

（16）8 291×461 =

（17）4.78×7.34 =

（18）9.32×45.1 =

（19）31.09×0.78 =

（20）17.78×6.2 =

2. 计算下列各题（保留两位小数，第三位小数四舍五入）：

（1）9 832×3 067 =

（2）8 605×4 235 =

（3）5 486×7 321 =

（4）2 837×1 206 =

（5）5 428×9 134 =

（6）7 310×4 682 =

（7）8 194×2 579 =

（8）6 253×8 213 =

（9）8.602×4.197 =

（10）56.34×29.78 =

（11）5.408×2.713 =

（12）4.082×91.73 =

（13）0.7301×4.829 =

（14）7.369×8.015 =

（15）17.29×0.3568 =

（16）0.8217×0.5694 =

（17）85.34×69.01 =

（18）4 960×90.54 =

（19）512.9×65.09 =

（20）98 003×10.05 =

◆◀ **本章小结** ▶◆

● 数的位数：在一笔数中，第一个非零的数字称为最高位数字。根据最高位所处的位置不同，又可分为正位数、零位数和负位数。

● 正位数：最高位数字在整数部分的称为正位数，有几位整数就是正几位。

● 零位数：属纯小数，是指小数点到最高位数字之间无零间隔的数。

● 负位数：属纯小数，它与零位数的区别是小数点到最高位数字之间有零间隔，间隔几个零就是负几位。

● 公式定位法：这是一种算后定位法。设被乘数的位数为 m，乘数的位数为 n，则积的定位公式有：

$$m+n \tag{5-1}$$

$$m+n-1 \tag{5-2}$$

当积的最高位数字比被乘数或乘数的最高位数字小时，用公式（5-1）定位。

当积的最高位数字比被乘数或乘数的最高位数字大时，用公式（5-2）定位。

如果积的最高位数字与被乘数或乘数的最高位数字中某个最高位数字相同，则可比较另一个。若积的最高位数字小，则用公式（5-1）定位；反之，则用公式（5-2）定位。

如果积的最高位数字与被乘数和乘数的最高位数字都相同，则比较次高位数字，若次高位数字仍相同，则比较第三位数字，依此类推。

● 首档定位法：根据积的首位数是否落在标准首位档来确定积的位数是多少的一种定位方法。

以算盘左边第一档，作为乘积的十位档，若积的首位数落在首位档上，用公式（5-1）定位，即积的位数等于被乘数与乘数的位数之和。

若积的位数落在算盘的左二档（次位档）上，用公式（5-2）定位，即积的位数等于被乘数与乘数位数之和再减去一位。

首档定位法可以概括为八个字：位数相加，空档减1。

● 固定个位档定位法：这是一种算前定位法。首先在算盘上选择一适当的档位，作为积的个位档。然后确定标准首位档（起始档）起算。

● 用不隔位乘法计算时，在固定积的个位档之后，用两因数的位数之和（m+n）来确定起拨被乘数的档位。运算结束后，就可根据已固定的积数的个位档写出乘积。

● 留头乘法的运算顺序和加积档次。

运算顺序：用乘数的第二位、第三位至末位，最后用乘数的首位数分别与被乘数的末位数至首位相乘。

加积档次：第几位乘数与被乘数相乘，乘积的十位数就拨加在这个被乘数的右边第几档上（含被乘数档），个位数加在下一档上。最后乘数首位数与被乘数相乘，其积的十位数应该用被乘数去改，个位乘积加在下一档上。拨珠顺序应先改十位，再加个位。特别要注意的是：由于要将被乘数留在最后乘，当在被乘数右一档上加乘积时，即使满十也不能进位，只能凭脑记，等到被乘数同乘数首位数相乘后，才能进位。

● 破头乘法的运算顺序和加积档次。

运算顺序：用被乘数的各个位数（从末位到首位）同乘数的各个位数（从首位到末位）依次相乘，直至乘完为止。

加积档次：被乘数与乘数首位相乘，其积的十位数用被乘数改，个位乘积加在下一档上，前一次加积的个位档是下一次加积的十位档，依此类推。但要牢记被破的被乘数。

● 空盘前乘法的运算顺序和加积档次。

运算顺序：先用被乘数的首位数与乘数的各位数（从高位到低位）相乘，再用被乘数的第二位数与乘数的各位数相乘依次类推，直至将被乘数的末位乘完为止。

加积档次：在算盘上选定一档（一般是算盘首位档）作为加积的起始档。第几位的被乘数与乘数首位数相乘，积的十位数就拨在被乘数第几档上（起始档为第一档），积的个位数就在下一档；被乘数的首位数与乘数第二位以下各位数相乘，其乘积应依次右移，退档加积数。若十位乘积为"0"，应占一档，以防加错档次。同样，被乘数的第二位数与乘数的各位数相乘，其乘积从第二档起逐次退档加积，依此类推。

空盘前乘法，实数、法数均不拨入算盘，因此要有意识地加强记数能力的培养。

● 在乘法运算过程中，为防止乘积加错档次，尤其是乘数中有0时，一定要做到指不离档。首先手指到起始档，加完十位加个位，而后手指停在个位档上，该个位档正好是下一位乘积的十位档。如遇到 0，手指自动下移一位。

综上所述，乘法练习的要点是熟记口诀、默记乘数、注意技巧、迅速定位。

第 6 章

珠算基本除法

学习目标

知识目标：通过本章学习，应能够掌握珠算除法的定位方法、除算原理，了解两种不同类型除法的基本除算方法。

技能目标：熟练地运用某一种方法进行除法运算，并能在实际的运算工作中灵活地运用。

除法是乘法的逆运算，它是已知两个因数的积和其中一个因数，求另一个因数的运算方法。其算式为：被除数（实数）÷除数（法数）＝商。珠算除法历史悠久，方法很多，广泛应用的有商除法、归除法、扒皮法、补救法等。此外，还有一些简捷算法，如"以减代乘""凑整除法"等。

在珠算的四则运算中，除法比加、减、乘法略微难学一些。但是，在掌握了除法计算规律的基础上，学习除法并不困难。学会除法对财会工作、企业活动分析等各项经济核算工作都是大有用处的。本章就最常见的两种基本珠算除法——商除法和归除法进行讲解。

6.1　商的定位方法

除法定位是以被除数和除数的位数为依据进行的。现介绍 3 种常用的定位方法。

6.1.1　公式定位法

1）根据首位数选用公式定位法

①当被除数的首位数（最高位）小于除数的首位数（最高位），亦称"不够除"时，商的位数等于被除数位数减去除数位数。用公式（6-1）表示如下：

m-n　　　　　　　　　　　　　　　　　　　　　　　　　　　　　（6-1）

②当被除数的首位数（最高位）大于除数的首位数（最高位），亦称"够除"时，商的位数等于被除数位数减去除数位数再加 1。用公式（6-2）表示如下：

m-n+1　　　　　　　　　　　　　　　　　　　　　　　　　　　　（6-2）

③当被除数的首位数（最高位）与除数的首位数（最高位）相等时，则比较第二位，并按照上述方法定位，依此类推。如果被除数与除数的位数完全相等，则用公式（6-2）定位。

［例 6-1］584÷4＝146

运算步骤：

（+3）位-（+1）位+1＝（+3）位

［例 6-2］0.0238÷0.000752＝31.65

运算步骤：

（-1）位-（-3）位＝（+2）位

［例 6-3］186÷12＝15.5

运算步骤：

（+3）位-（+2）位+1＝（+2）位

［例 6-4］32.40÷0.36＝90

运算步骤：

（+2）位-（0）位＝（+2）位

［例 6-5］76 400÷764＝100

运算步骤：

（+5）位-（+3）位+1＝（+3）位

2）根据不隔位除或隔位除选用公式定位法

①用不隔位除法运算。若商的首位数与被除数首位数在同一档上，则用公式（6-1）定位，商的位数等于被除数位数减去除数位数（m-n）；若商的首位数在被除数首位数的前一档上，则用公式（6-2）定位，商的位数等于被除数位数减去除数位数再加1（m-n+1）。

②用隔位除法运算。若商的首位数在被除数首位数的前一档上，则用公式（6-1）定位，则商的位数等于被除数位数减去除数位数（m-n）；若商的首位数在被除数首位数的前二档上，则用公式（6-2）定位，商的位数等于被除数位数减去除数位数再加1（m-n+1）。

［例6-6］0.534÷0.002＝267（用不隔位除法运算）

运算步骤：

①置数。将被除数0.534拨在算盘上，默记除数2。

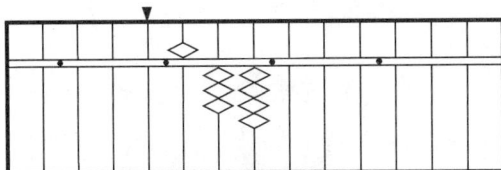

②用不隔位商除法或归除法运算，盘上算珠为267。

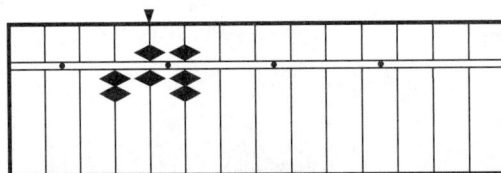

因商的首位数2在原被除数首位数5的前一档上，所以用公式（6-2）定位，商的位数＝m-n+1＝0-（-2）+1＝3（位），商数是267。

［例6-7］375.2÷70＝5.36（用不隔位除法运算）

运算步骤：

①置数。将被除数375.2拨在算盘上，默记除数7。

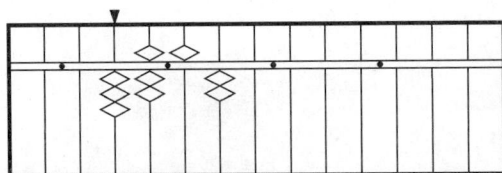

②用不隔位除法计算之后，盘上算珠为536。

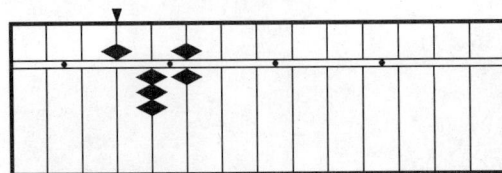

因商的首位数5与被除数首位数3在同一档上，所以用公式（6-1）定位，商的位数＝m-n＝3-2＝1（位），商数是5.36。

［例 6-8］ 96 518÷640＝150.81（用隔位除法运算，保留两位小数）

运算步骤：

①置数。将 96 518 拨在算盘上，默记除数 64。

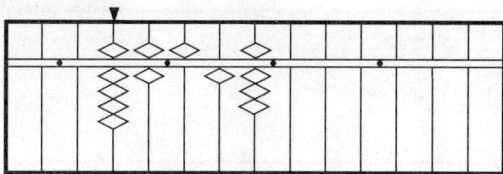

②用隔位除法运算之后，盘上算珠为 150 809 375……

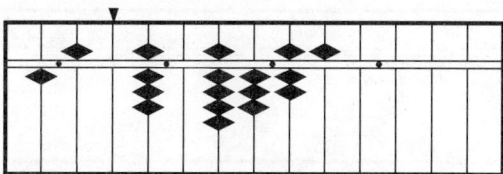

因商的首位数 1 在被除数首位数 9 的前二档上，所以用公式（6-2）定位，商的位数 ＝m－n+1＝5-3+1＝3（位），商数是 150.81。

［例 6-9］ 0.3657÷0.05＝7.31（用隔位除法运算，保留两位小数）

运算步骤：

①置数。将被除数 3 657 拨在算盘上，默记除数 5。

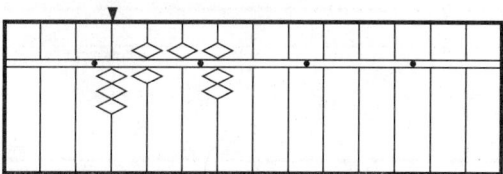

②用隔位除法运算之后，盘上算珠为 7 314。

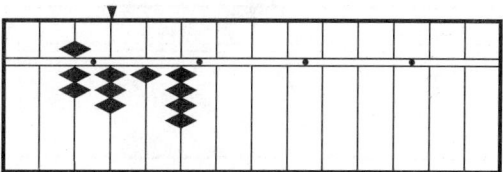

因商的首位数 7 在被除数首位数 3 的前一档上，所以用公式（6-1）定位，商的位数 ＝m－n＝0-（-1）＝1（位），商数是 7.31。

综合上述例题，可以概括出"位数相减，够除加 1"或"首位相比，实小相减，法小加 1，相等类推"。

3）将公式定位法运用到算盘上可称为盘上公式定位法

①用不隔位除法运算时，可在算盘左边空一档，即从左边第二档起拨置被除数。通过运算后，如果首档有商数，就用公式 m－n+1 定位；如果首档是空档，则用公式 m－n 定位。

②用隔位除法运算时，可在算盘左边空两档，即从左边第三档起拨置被除数。通过运算后，如果首档有商数，就用公式 m－n+1 定位；如果首档是空档，则用公式 m－n 定位。

这种定位方法可概括为"位数相减，满档加 1"。

［例 6-10］ 884 304÷712 = 1 242 （用不隔位除法运算）

运算步骤：

①置数。从算盘左边第二档起将被除数 884 304 拨在算盘上，默记除数 712。

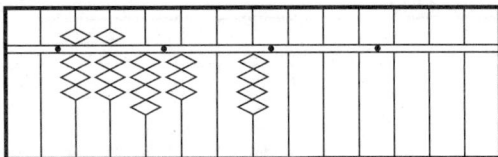

②用不隔位除法运算之后，盘上算珠为 1 242。

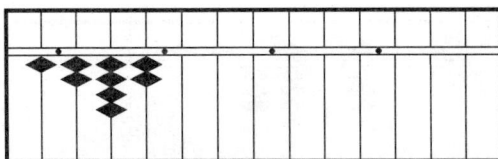

因运算结果盘面显示首档上有数字，故用公式 m-n+1 定位，商的位数 = 6-3+1 = 4 （位），商数是 1 242。

［例 6-11］ 527.8÷6.5 = 81.2 （用不隔位除法运算）

运算步骤：

①置数。从算盘左边第二档起将被除数 5 278 拨算盘上，默记除数 65。

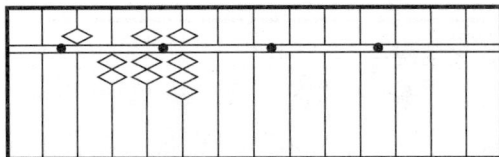

②用不隔位除法运算之后，盘上算珠为 812。

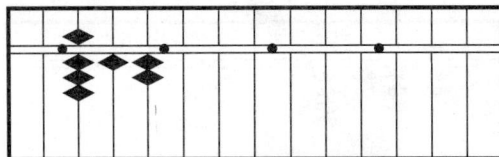

因运算结果盘面显示首位档是空档，故用公式 m-n 定位，商数的位数 = 3-1 = 2 （位），商数是 81.2。

［例 6-12］ 648 000÷2 700 = 240 （用隔位除法运算）

运算步骤：

①置数。从算盘左边第三档起将被除数 648 拨在算盘上，默记除数 27。

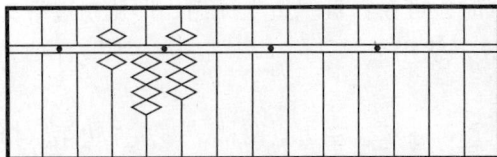

②用隔位除法运算之后，盘上算珠为 24。

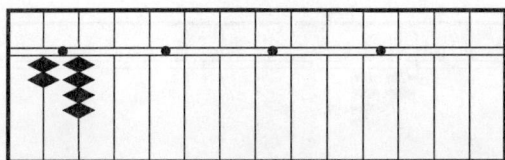

因运算结果盘面显示首位档上有数字，故用公式 m−n+1 定位，商的位数 = 6−4+1 = 3（位），商数是 240。

［例 6−13］ 0.1955÷0.0085 = 23（用隔位除法运算）

运算步骤：

①置数。从算盘左边第三档起将被除数 1 955 拨在算盘上，默记除数 85。

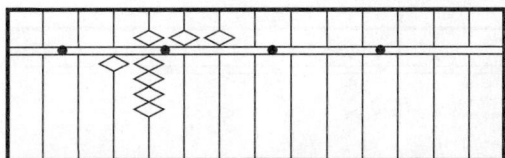

②用隔位除法运算之后，盘上算珠为 23。

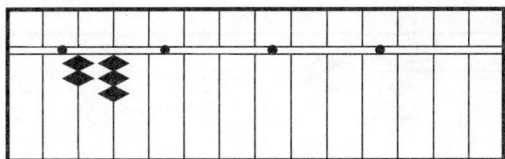

因运算结果盘面显示首位档是空档，故用公式 m−n 定位，商的位数 = 0−（−2）= 2（位），商数是 23。

6.1.2　固定个位档定位法

固定个位档定位法属于算前定位方法，即在计算前首先应在算盘盘面上选定一档作为商的个位档，然后根据除法的不同运算方法确定拨入被除数的位数。如采用不隔位除法运算，即用被除数位数减去除数位数（m−n）确定商的位数，然后把被除数当做商的位数对号拨入算盘；如采用隔位除法运算，应用被除数减去除数位数再减 1（m−n−1）确定商的位数，把被除数当做商的位数对号拨入算盘。计算完毕，即可书写答案。

［例 6−14］ 8 304÷34.6 = 240（用不隔位除法运算）

运算步骤：

①置数。事先在算盘上选定某档作为个位档，按公式 m−n 定位，即 4−2 = 2（位）。将被除数当做商的位数对号拨入算盘，默记除数 346。

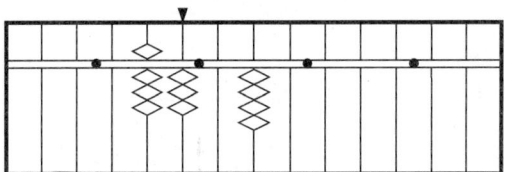

②用不隔位除法运算之后，盘面数为 24。

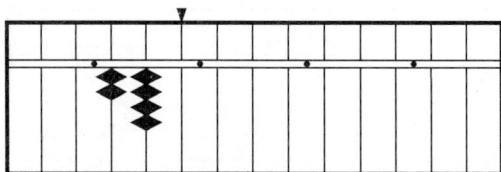

③根据事先确定的个位档书写答案，商数为240。

［例6–15］8.5164÷0.94＝9.06（用隔位除法运算）

运算步骤：

①置数。在算盘上选定某档作为个位档，按公式 m－n－1 定位，即 1－0－1＝0（位）。将被除数当做商的位数对号拨入算盘，默记除数94。

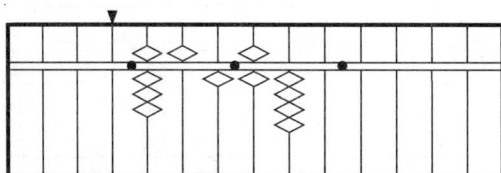

②用隔位除法运算之后，盘面数为906。

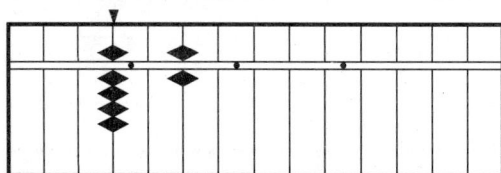

③根据事先确定的个位档书写答案，商数为9.06。

6.2　商除法

商除法的产生早于归除法，它是运用我国古老的求商法，加上大九九口诀进行求商的。其计算方法与笔算基本相同，所以使用范围较广。

明朝著名珠算家程大位，在其所著《算法统宗》中，对商除法作了说明："商"（商量），即除数与被除数比较，得出的商数简称商。再将商与除数相乘的积从被除数中减去，即"除"，所以称此种方法为"商除法"。

6.2.1　商除法运算步骤

商除法分为隔位商除法和不隔位商除法。下面就这两种方法作对比介绍。

1）隔位商除法

（1）置数

从算盘左边第三档起拨上被除数，默记除数（或在算盘上固定个位档，将被除数对号拨入）。

（2）运算

①置商。按"够除隔位商，不够除挨位商"的规则将商数拨在算盘上。

所谓"够除""不够除",是指被除数(或余数)的首位数与除数的首位数相比较而言的。如果被除数大于除数则视为"够除";如果被除数小于除数则视为"不够除"。

当被除数与除数首位相同时,比较第二位;第二位也相同时,则比较第三位……依此类推。当被除数的前几位数与除数相等时,则视为"够除"。例如:

472÷20	4 大于 2	够　除
6 500÷0.854	6 小于 8	不够除
7 395÷716	73 大于 71	够　除
5 006÷5 009	5 006 小于 5 009	不够除
37 610÷376	376 等于 376	够　除

所谓"隔位商",是指商数置于被除数或余数首位数的前二档上;"挨位商"是指商数置于被除数或余数首位数的前一档上。

②试商。比较除数和被除数,估计出被除数是除数的多少倍,并将估计的商数拨在应置的档位上。

③减积。从被除数(或余数)中,减去商数与除数的乘积。其档次为:乘积的十位数在商的右一档上减。乘积的个位数在十位数的下一档上减。多位除减积为:上一次减积的个位档是下一次减积的十位档。

(3)定位方法

可采用盘上公式定位法(即首档定位法)。如算盘首档有数,则用公式 $m-n+1$ 定位;如算盘首档为空档,则用公式 $m-n$ 定位;也可采用公式定位法或固定个位档定位法等。

2)不隔位商除法

(1)置数

从算盘左边第二档起拨上被除数,默记除数(或在算盘上固定个位档,将被除数对号拨入)。

(2)运算

①置商。按"够除前位商,不够除本位商"的规则将商数拨在算盘上。

"够除"与"不够除"的含义同隔位商除法。"前位商"是指商数置于被除数或余数的前一档上;"本位商"是指将被除数或余数的首位数改成商数。

②试商。同隔位除法。

③减积。其档次为:商本位减乘积的十位数,商的下一档减乘积的个位数。上一次减积的个位档,是下一次减积的十位档。

(3)定位方法

采用盘上公式定位法,首档有数用公式 $m-n+1$ 来定位,首档无数用公式 $m-n$ 来定位,或用公式定位法和固定个位档定位法等。

6.2.2　一位除法

除数是一位的除法,叫一位除法。

[例 6-16] 780÷3=260

运算步骤:

　　1）用隔位除法运算

　　①从算盘左边第三档起，拨上被除数780，默记除数3。

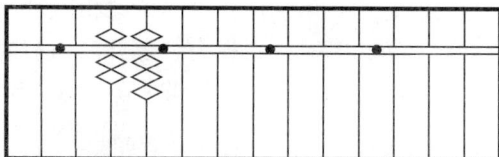

　　②被除数首位数7大于除数3，"够除隔位商"。试商为2，在算盘左边第一档置商数2，并用商数2乘以除数3，将乘积06从商数2的右一档起逐位减去（乘积的十位数为0，不用减，退一档减个位乘积6），余数为18。

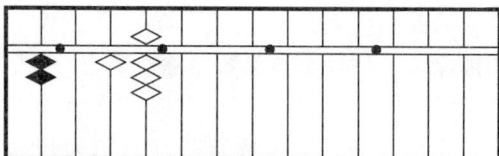

　　③因余数首位数1小于除数3，"不够除挨位商"。再用余数18与除数3比较，试商为6，在余数前一档置商数6，并用商数6乘以除数3，将乘积18从商数6的右一档逐位减去，余数为0。

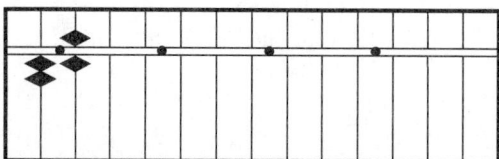

　　④因算盘首档有商数，则商的位数为 m−n+1=3−1+1=3（位），商数为260。

　　2）用不隔位除法运算

　　①从算盘左边第二档起，拨上被除数780，默记除数3。

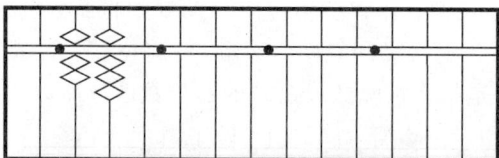

　　②被除数首位数7大于除数3，"够除前位商"。试商为2，在算盘第一档（即被除数首位数的前一档）置商数2，并用商数2乘以除数3，将乘积06按商本位减去十位乘积、下一档减个位乘积的规则逐位减去。因乘积的十位数为0，不用减，下一档减个位乘积6，余数为18。

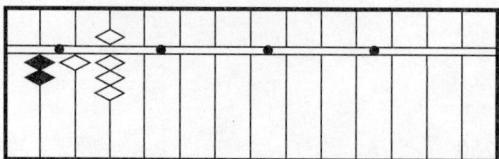

③因余数首位数 1 小于除数 3，"不够除本位商"。再用余数 18 与除数 3 比较，试商为 6，将余数的首位数 1 改成商数 6，并用商数 6 乘以除数 3，将乘积 18 按商本位减十位乘积，下一档减个位乘积的规则，逐位减去。因余数的首位数 1 已经改成商数 6，在改商的过程中，十位乘积 1 已同时减去，只需从商的下一档减去个位乘积 8 即可，余数为 0。

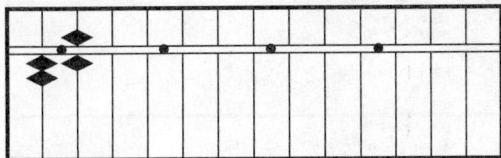

④因算盘首档有商数，则商的位数为 m−n+1 = 3−1+1 = 3（位），商数为 260。

[例 6-17] 10.8÷0.004 = 2 700

运算步骤：

1）用隔位除法运算

①从算盘左边第三档起，拨上被除数 108，默记除数 4。

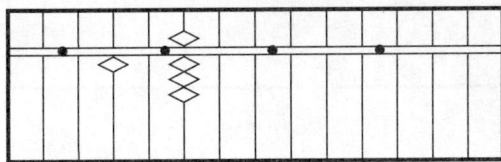

②被除数首位数 1 大于除数 4，"不够除前位商"。试商为 2，并用商数 2 乘以除数 4，将乘积 08 从商数的右一档起逐位减去，余数为 28。

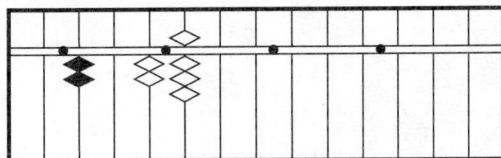

③余数首位数 2 小于除数 4，"不够除前位商"。再用余数 28 与除数 4 比较，试商为 7，在余数前一档置商数 7，并用商数 7 乘以除数 4，将乘积 28 从商数 7 的右一档逐位减去，余数为 0。

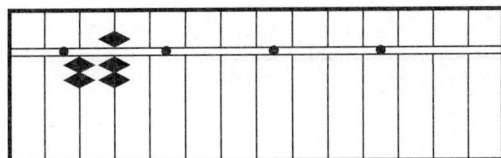

④因算盘首档无商数，则商的位数为 m−n = 2−（−2）= 4（位），商数为 2 700。

2）用不隔位除法运算

①从算盘左边第二档起，拨上被除数 108，默记除数 4。

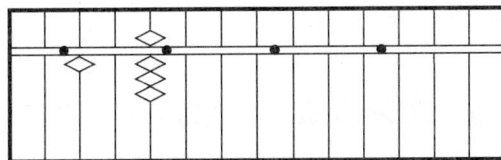

②被除数首位数 1 小于除数 4，"不够除本位商"。试商为 2，将被除数首位数 1 改成商数 2，并用商数 2 乘以除数 4，乘积 08 按商本位减十位乘积、下一档减个位乘积的规则，逐位减去。因商本位减去十位乘积 0，不需减，下一档减去个位乘积 8，需将被除数首位数 1 借入来减，余数为 28。

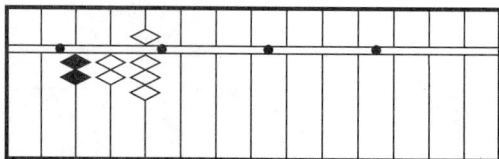

③余数首位数 2 小于除数 4，"不够除本位商"。再用余数 28 与除数 4 比较，试商为 7，将余数的首位数 2 改成商数 7，并用商数 7 乘以除数 4，乘积 28 按商本位减十位乘积、下一档减个位乘积的规则，逐位减去，在改商的过程中，即将余数首位数 2 改成商数 7 的同时，乘积的十位数 2 已减去，只需减去个位乘积 8，余数为 0。

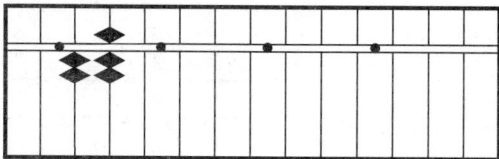

④因算盘首位档无商数，则商的位数为 m−n = 2−（−2）= 4（位），商数为 2 700。

◀ **基本训练一** ▶

计算下列各题：

（1） 173.28÷3 =
（2） 54 184÷4 =
（3） 72 864÷8 =
（4） 58 289÷7 =
（5） 12 096÷6 =
（6） 43 238÷2 =
（7） 41 635÷5 =
（8） 54 045÷9 =
（9） 854.86÷200 =
（10） 157.76÷0.4 =
（11） 39 056÷80 =
（12） 173.28÷3 =
（13） 1.5948÷4 =
（14） 659.52÷0.9 =
（15） 129.96÷0.6 =
（16） 329.75÷5 =
（17） 17 948÷700 =
（18） 62 088÷20 =
（19） 1 378÷0.005 =
（20） 26 384÷8 =

6.2.3 两位除法

除数是两位数的除法叫两位除法。

［例 6-18］ 5 922÷63 = 94

运算步骤：

1）用隔位除法运算

①从算盘左边第三档起，拨上被除数 5 922，默记除数 63。

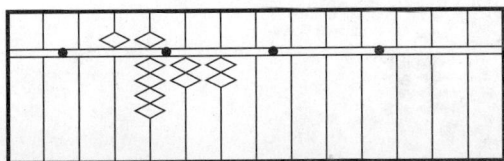

②被除数首位数 5 小于除数首位数 6，"不够除前位商"。用被除数前两位数 59 与除数首位数 6 比较，在被除数首位数 5 的前一档置商数 9，并从商数 9 的下一档起减 9×6 = 54，下二档起减 9×3 = 27（即上次减积的个位档是下一次减积的十位档），盘面得商数 9，余数为 252。

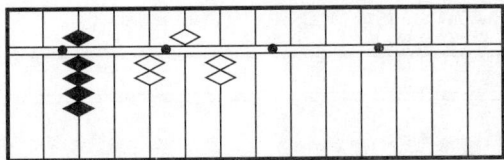

③余数首位数 2 小于除数首位数 6，"不够除前位商"。用余数前两位数 25 与除数首位数 6 比较，在余数首位数 2 的前一档置商数 4，并从商数 4 的下一档起减 4×6 = 24，下二档起减去 4×3 = 12，盘面得商数 94，余数为 0。

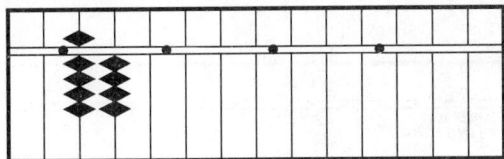

④因算盘首位档无商数，则商的位数为 m−n = 4−2 = 2（位），商数为 94。

2）用不隔位除法运算

①从算盘左边第二档起，拨上被除数 5 922，默记除数 63。

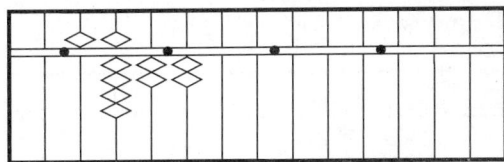

②因被除数首位数 5 小于除数首位数 6，"不够除本位商"。用被除数前两位数 59 与除数首位数 6 比较，将被除数首位数 5 改成商数 9，并从商本位起减 9×6 = 54，下一档起减 9×3 = 27（即上一次减积的个位档是下一次减积的十位档，个位档在十位档之后），盘面得商数 9，余数为 252。

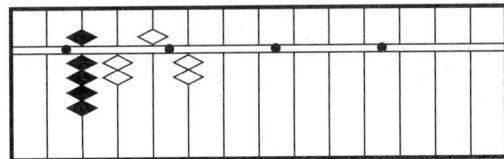

③因余数的首位数 2 小于除数首位数 6，"不够除本位商"。用余数前两位数 25 与除数首位数 6 比较，将余数首位数 2 改成商数 4，并从商本位起减 4×6 = 24，下一档起减 3×4 = 12，盘面得商数 94，余数为 0。

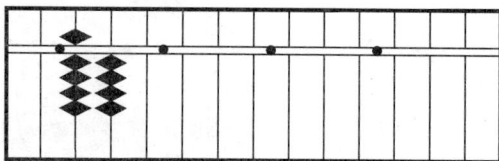

④因算盘首位档无商数，则商数的位数为 $m-n=4-2=2$（位），商数为 94。

［例 6–19］ $30.16 \div 0.29 = 104$

运算步骤：

1）用隔位除法运算

①从算盘左边第三档起，拨上被除数 3 016，默记除数 29。

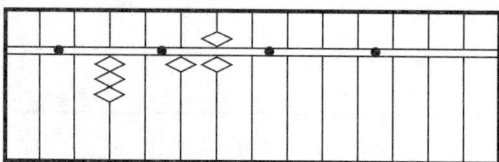

②因被除数首位数 3 大于除数首位数 2，"够除隔位商"。在被除数首位数 3 的前二档上置商数 1，并从商数 1 的下一档起减 $1 \times 2 = 02$，下二档起减 $1 \times 9 = 09$，盘面得商数 1，余数为 0 116。

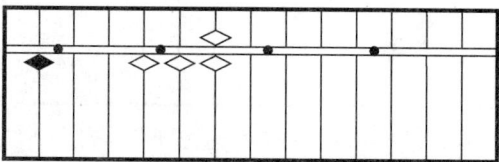

③因余数的首位数 1 小于除数首位数 2，"不够除前位商"。用余数前两位 11 与除数首位数 2 比较，因第二位除数是 9，只能在余数前一档置商数 4，并从商数 4 的下一档起减 $4 \times 2 = 08$，下二档起减 $4 \times 9 = 36$，盘面得商数为 104，余数为 0。

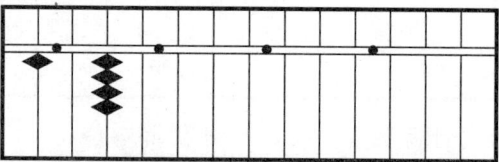

④因算盘首位档上有商数，则商的位数为 $m-n+1 = 2-0+1 = 3$（位），商数为 104。

2）用不隔位除法运算

①从算盘左边第二档起，拨上被除数 3 016，默记除数 29。

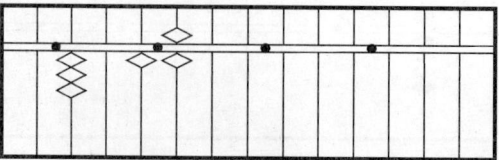

②被除数首位数 3 大于除数首位数 2，"不够除前位商"。在被除数首位数 3 前一档上置商数 1，并从商本位起减 $1 \times 2 = 02$，下一档起减 $1 \times 9 = 09$，盘面得商数 1，余数为 116。

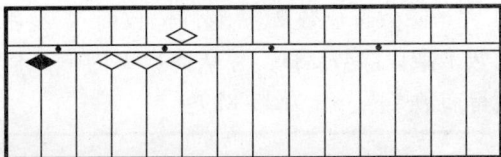

③余数的首位数 1 小于除数首位数 2，"不够除本位商"。用余数前两位 11 与除数首位数 2 比较，将余数首位数 1 改成商数 4，并从商本位起减 $4 \times 2 = 08$，下一档起减 $4 \times 9 = 36$，盘面得商数 104，余数为 0。

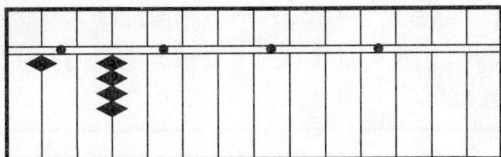

④因算盘首位档有商数，则商的位数为 $m-n+1 = 2-0+1 = 3$（位），商数为 104。

◀ **基本训练二** ▶

计算下列各题：

(1) $21\ 459 \div 69 =$　　　　　　　(2) $12\ 875 \div 25 =$

(3) $24\ 976 \div 56 =$　　　　　　　(4) $24\ 975 \div 45 =$

(5) $34\ 821 \div 73 =$　　　　　　　(6) $11\ 322 \div 34 =$

(7) $20\ 971 \div 67 =$　　　　　　　(8) $8\ 908.02 \div 99 =$

(9) $29\ 130 \div 1\ 500 =$　　　　　　(10) $1\ 222.1 \div 550 =$

(11) $319.48 \div 490 =$　　　　　　(12) $9\ 691.22 \div 9.8 =$

(13) $18.759 \div 7.8 =$　　　　　　(14) $0.540784 \div 0.73 =$

(15) $40\ 970 \div 8\ 500 =$　　　　　(16) $511\ 420 \div 520 =$

(17) $1\ 276.8 \div 280 =$　　　　　　(18) $791.21 \div 0.89 =$

(19) $89.096 \div 0.43 =$　　　　　　(20) $321.984 \div 4.8 =$

6.2.4　多位除法

除数是三位或三位以上的除法叫多位除法。多位除法的计算步骤与一位、二位除法相同，但由于除数的位数较多，在估商时难度也随之增大，往往会出现估商不准的现象。估商偏小要进行补商，估商偏大又要退商，这必然会增加计算量。若估商准确就不必进行补商或退商，可以提高计算速度，所以估商时应"宁小勿大"。

［例 6-20］$46\ 129 \div 283 = 163$（用隔位除法运算）

运算步骤：

①从算盘左边第三档起，拨上被除数 46 129，默记除数 283。

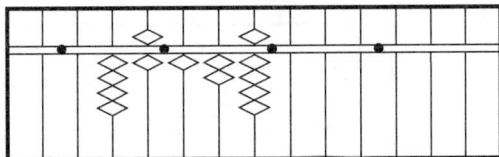

②因被除数首位数 4 大于除数首位数 2，"够除隔位商"。要考虑到够乘减，只能在算盘首位档置商数 1，用商数 1 乘以除数 283，并从商数 1 的下一档起逐位向右移档，减去乘积 02、08 和 03。盘面得商数 1，余数为 17 829。

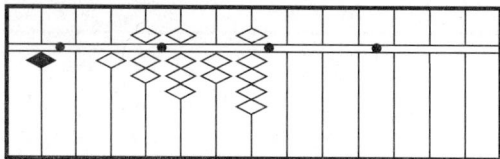

③因余数首位数 1 小于除数首位数 2，"不够除前位商"。在余数首位数 1 前一档置商数 6，用商数 6 乘以除数 283，并从商数 6 的下一档起逐位向右移档，减去乘积 12、48 和 18。盘面得商数 16，余数为 849。

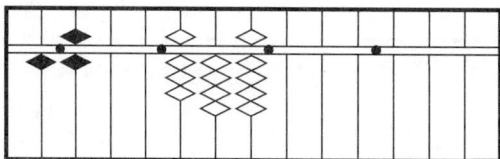

④因余数的首位数 8 大于除数首位数 2，"够除隔位商"。在余数首位数 8 前两档置商数 3，用商数 3 乘以除数 283，并从商数 3 的下一档起逐位向右移档，减去乘积 06、24 和 09。盘面得商数 163，余数为 0。

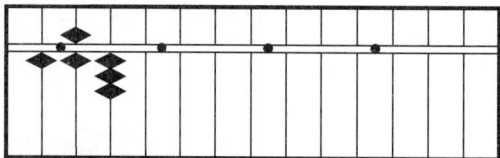

⑤因算盘首位档上有商数，则商的位数为 m−n+1＝5−3+1＝3（位），商数为 163。

［例 6−21］ 2.829043÷4.23＝0.67（保留两位小数，用不隔位除法运算）

运算步骤：

①用固定个位档定位法定位，在算盘上确定个位档。商的位数为 m−n＝1−1＝0（位）。将被除数当做商的位数（0.2829043）对应拨入算盘，默记除数 423。

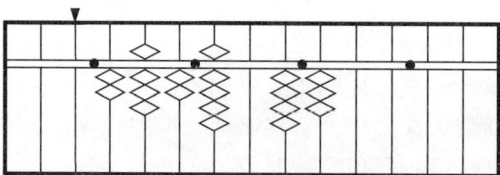

②因被除数首位数 2 小于除数首位数 4，"不够除本位商"。将被除数首位数 2 改成商数 6，用商数 6 乘以除数 423，并从商数本档起向右移档，减去乘积 24、12 和 18。盘面得商数 6，余数为 291 043。

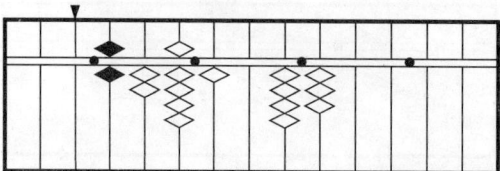

③因余数首位数 2 小于除数首位数 4，"不够除本位商"。将余数首位数 2 改成商数 6，用商数 6 乘以除数 423，并从商数本档起逐位向右移档，减去乘积 24、12 和 18。盘面得商数 66，余数为 37 243。

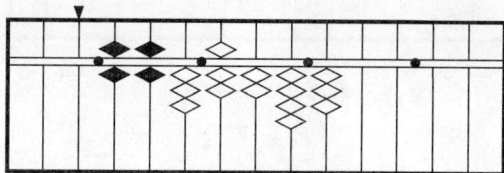

④因余数首位数 3 小于除数 4，"不够除本位商"。将余数首位数改成商数 8，用商数 8 乘以除数 423，并从商数本档起逐位向右移档，减去 32、16 和 24。盘面得商数 668，余数为 3 403。

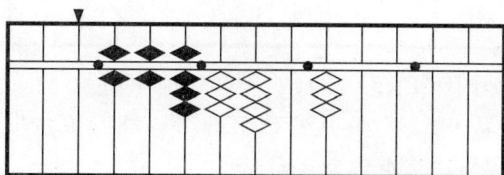

⑤根据已固定的个位档和四舍五入原则，得商数 0.67。

在除法运算过程中，有时会出现乘减过后余数仍然大于或者等于除数的现象，说明商数偏小，有时会出现不够减的现象，说明商数偏大。商数偏小或偏大，都要对所估的商数进行调整，即补商和退商。

补商的方法是：将商数加 1，并从其右二档（隔位除法）或下一档（不隔位除法）将所有除数减一遍。

退商的方法是：将商数减 1，并从其右二档（隔位除法）或下一档（不隔位除法）起加还已经乘减过的除数，然后再用减 1 后的商数（调整后的商）乘以尚未乘减过的除数，并将乘积从被除数中减去。

［例 6-22］35 578.62÷95.13＝374（用隔位除法运算）

运算步骤：

①用固定个位档定位法定位，商的位数为 m－n－1＝5－2－1＝2（位）。在算盘上确定个位档，将被除数按商的位数 35.57862 对应拨入算盘，默记除数 9 513。

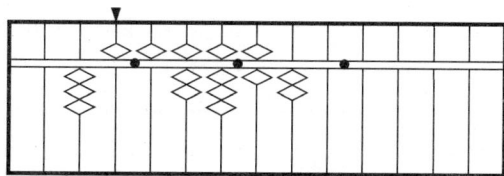

②因被除数首位数 3 小于除数首位数 9，"不够除前位商"。在被除数首位数 3 的前一档置商数 3，用商数 3 乘以除数 9 513，并从商数 3 的下一档起逐位向右移档，减去乘积 27、15、03 和 09，盘面得商数 3，余数 703 962。

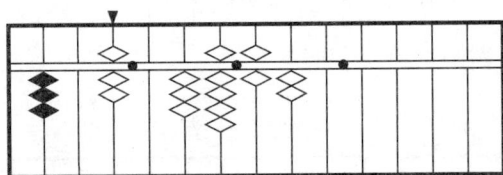

③因余数首位数 7 小于除数首位数 9，"不够除前位商"。在余数首位数 7 的前一档置商数 7，用商数 7 乘以除数 9 513，并从商数 7 的下一档起逐位向右移档，减去乘积 63、35、07 和 21，盘面得商数 37，余数为 38 052。

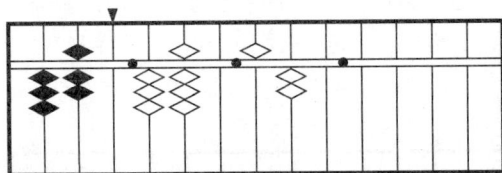

④因余数首位数 3 小于除数首位数 9，"不够除前位商"。在余数首位数 3 的前一档置商数 3，用商数 3 乘以除数 9 513，并从商数 7 的下一档起逐位向右移档，减去乘积 27、15、03 和 09，盘面得商数 373，余数为 9 513。

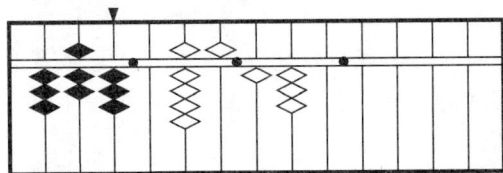

⑤余数等于除数，说明试商偏小，将商数 3 补加 1，调整为 4，并从其右二档起减去一次除数 9 513，盘面得商数 374，余数为 0。

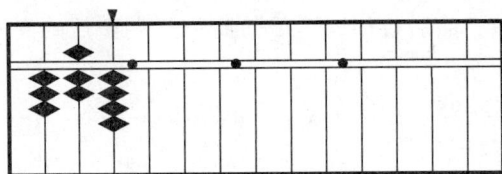

⑥根据已固定的个位档，得商数为 374。

［例 6-23］ 50.46÷7.218＝6.99（保留两位小数，用隔位除法运算）

运算步骤：

①用公式定位法定位，从算盘左边第三档起将被除数 5 046 拨在算盘上，默记除数 7 218。

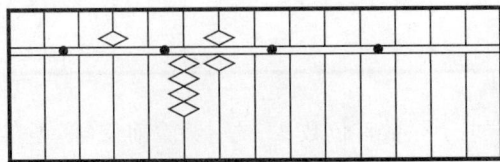

②因被除数首位数 5 小于除数首位数 7，"不够除前位商"。在被除数首位数 5 的前一档置商数 7，用商数 7 乘以除数 7 218，并从商的右一档起逐位减去乘积 49 和 14，盘上余

数为 006。

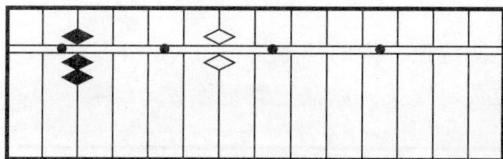

③再继续减乘积 07 和 56 时，不够减，说明试商偏大，将商数 7 退 1 调整为 6，从其右二档起加还已乘减过的除数 7.2，然后，再用商数 6 乘以除数 1.8，从商数 6 的右三档起依次向右移档减去 06 和 48，盘面得商数 6，余数为 7 152。

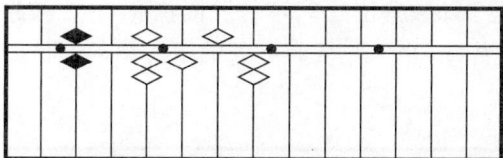

④因余数首位数 7 和除数首位数 7 相等，继续比较第二位数，余数前两位数为 71 小于除数前两位数 72，"不够除前位商"。在余数首位数 7 的前一档置商数 9，用商数 9 乘以除数 7 218，并从商数 9 的下一档起逐位向右移档，减去乘积 63、18、09 和 72，盘面得商数 69，余数为 6 558。

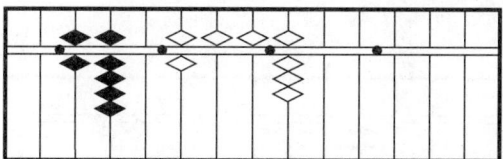

⑤因余数首位数 6 小于除数首位数 7，"不够除前位商"。在余数首位数 6 的前一档置商数 9，用商数 9 乘以除数 7 218，并从商数 9 的下一档起逐位向右移档，减去乘积 63、18、09 和 72，盘面得商数 699，余数 0 618。

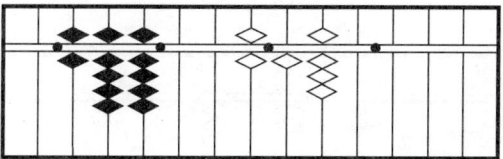

⑥用公式定位法定位，因被除数首位数 5 小于除数首位数 7，商的位数为 $m-n=2-1=1$（位），商数为 6.99。

对除不尽且保留两位小数算题的尾数处理有以下三种方法：

①估算出第三位小数，然后进行四舍五入。

②目测加倍法。求出两位小数后，目测余数的前两位数，然后将其加倍，如果大于或等于除数的前两位数则进位，如小于则舍去。例如，上例余数为 0 618，余数前两位数为 06，加倍后为 12，小于除数前两位数 72，则舍去。如余数为 4 618……余数前两位为 46，加倍后为 92，大于除数前两位数 72，则要进位。

③目测减半法。求出两位小数后，目测余数的前两位数是否大于或等于除数的前两位数的一半，大于则进位，小于则舍去。

[例6-24] 7 804.56÷263.4 = 29.63 （保留两位小数，用隔位除法运算）

运算步骤：

①用固定个位档定位法定位，商的位数为 m−n−1 = 4−3−1 = 0（位）。在算盘上确定个位档，将被除数按商的位数对应拨入算盘，默记除数 2 634。

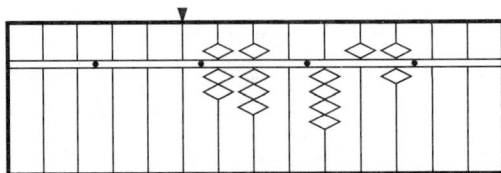

②被除数首位数 7 大于除数首位数 2，"够除隔位商"。在被除数首位数 7 的前二档置商数 3，用商数 3 乘以除数 2 634，并从商数 3 的下一档起逐位向右移档，减去乘积 06、18，盘上余数为 000 456。

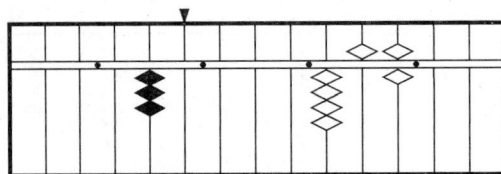

③再继续减乘积 09、12 时，不够减，说明试商偏大，需退商，将商数退 1 调整为 2，从其右二档起加还已乘减过的除数 26。

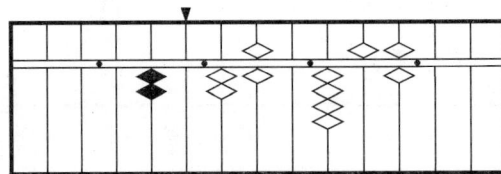

④再用商数 2 乘以除数 34，从商数 2 的右三档起依次向右移档减去 06、08，盘面得商数 2，余数 253 656。

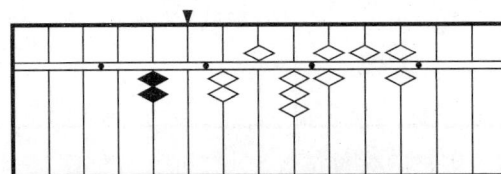

⑤因余数首位数 2 等于除数首位数 2，继续比较第二位数。余数第二位数 5，小于除数第二位数 6，"不够除前位商"。用 9 估商，在被除数首位数 2 的前一档置商数 9。用商数 9 乘以除数 2 634，并从商数 9 的下一档起逐位向右移档，减去乘积 18、54、27 和 36，盘面得商数 29，余数为 16 596。

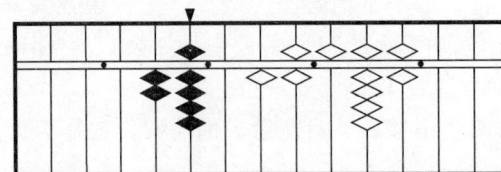

⑥因余数首位数 1 小于除数首位数 2,"不够除前位商"。在余数首位数 1 的前一档置商数 5,用商数 5 乘以除数 2 634,并从商数 5 的下一档起逐位向右移档,减去乘积 10、30、15 和 20,盘面得商数 295,余数为 3 426。

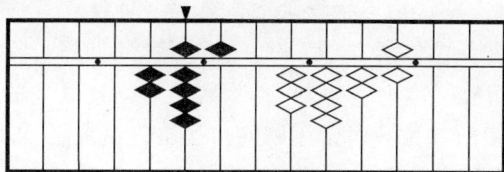

⑦因余数 3 426 大于除数 2 634,需补商。将商数 5 补加 1,调整为 6,并从其右二档起减去一次除数 2 634(即用商数 1 乘以除数 2 634,并从商数 6 的下一档起逐位向右移档,减去乘积 02、06、03 和 04),盘面得商数 296,余数为 0 792。

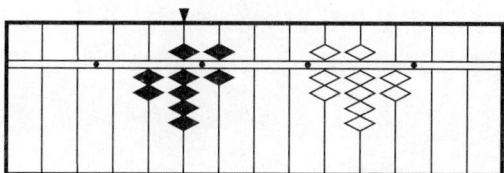

⑧因余数首位数 7 大于除数首位数 2,"够除隔位商"。在余数首位数 7 的前二档置商数 3,用商数 3 乘以除数 2 634,并从商数 3 的下一档起逐位向右移档,减去乘积 06、18、09 和 12,盘面得商数 2 963,余数为 0 018。

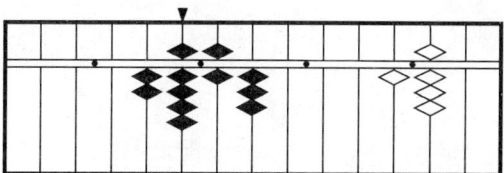

⑨因余数的前两位为 00,不可能进位,即根据已固定的个位档,得商数为 29.63。

◆ **基本训练三** ◆

计算下列各题(保留两位小数):

(1) 645.7÷264 =　　　　　　　　　(2) 389.2÷68.3 =

(3) 41.59÷9.13 =　　　　　　　　　(4) 2 396÷794 =

(5) 43.59÷0.495 =　　　　　　　　(6) 38 280÷93.6 =

(7) 82.02÷257 =　　　　　　　　　(8) 283.49÷5.78 =

(9) 26.452÷3.149 =　　　　　　　(10) 59.629÷85.79 =

(11) 5 804 964÷9 042 =　　　　　(12) 67 658÷3 094 =

(13) 54.68÷31.82 =　　　　　　　(14) 6 954÷3 176 =

(15) 751.93÷46.82 =　　　　　　(16) 27 318÷62.34 =

(17) 169.35÷0.8426 =　　　　　(18) 53 674÷52.76 =

(19) 354.21÷0.6149 =　　　　　(20) 2 552.1306÷0.7958 =

6.3 归除法

"归除法"是运用口诀进行估商指导除法运算的一种计算方法。

归除法是不隔位除法。它包括"归"和"除"两个步骤。除数是一位数的除法，直接用九归口诀就可求得商数，称为"单归"；除数是两位数以上的除法，在用除数的首位数去除被除数（或余数）的首位数时，用归除口诀求得试商，称为"归"，用商数与除数的第二位以后的数字相乘从被除数（或余数）中减去，则称为"除"。任何一个多位数除法，每求一位商数都必须要经过"归"和"除"两个步骤。

归除法因用口诀求商数，所以试商较快，从而大大减轻了心算估算的负担，提高了立商的速度，再者有时置商与减乘积的十位数可一次完成，减少了拨珠动作，只要口诀熟练，运算非常顺利。但是归除法也有不足之处，因它是用口诀求商，所以发生补商和退商的次数相对比较多，也增加了计算难度，影响了计算的速度。

6.3.1 九归口诀

归除法是用"九归口诀""撞归口诀""退商口诀"等进行的，所以学习归除法，必须先学习并熟练掌握这些口诀。九归口诀是把除数由 1 到 9 除被除数 1 到 9 应得的商和余数一一编成的口诀，共 61 句，分为四大类。

口诀中第一个中文字代表除数，第二个中文字代表被除数，第一个阿拉伯数码字代表商数，第二个阿拉伯数码字代表余数。"逢进""改作""余""下加"代表拨珠的动作。

九归口诀如下：

一归：逢一进 1，逢二进 2，逢三进 3，逢四进 4，逢五进 5，逢六进 6，逢七进 7，逢八进 8，逢九进 9。

二归：二一改作 5，逢二进 1，逢四进 2，逢六进 3，逢八进 4。

三归：三一 3 余 1，三二 6 余 2，逢三进 1，逢六进 2，逢九进 3。

四归：四一 2 余 2，四二改作 5，四三 7 余 2，逢四进 1，逢八进 2。

五归：五一改作 2，五二改作 4，五三改作 6，五四改作 8，逢五进 1。

六归：六一下加 4，六二 3 余 2，六三改作 5，六四 6 余 4，六五 8 余 2，逢六进 1，逢十二进 2。

七归：七一下加 3，七二下加 6，七三 4 余 2，七四 5 余 5，七五 7 余 1，七六 8 余 4，逢七进 1，逢十四进 2。

八归：八一下加 2，八二下加 4，八三下加 6，八四改作 5，八五 6 余 2，八六 7 余 4，八七 8 余 6，逢八进 1。

九归：九一下加 1，九二下加 2，九三下加 3，九四下加 4，九五下加 5，九六下加 6，九七下加 7，九八下加 8，逢九进 1。

以上口诀共分四大类：

1）"逢进"类口诀

当被除数大于或等于除数时用此类口诀。"逢"是指在被除数本档拨去除数。"进"

是指在前一档拨上商数，如"逢五进1"，其拨珠动作为在本档被除数上拨去五，在前一档拨上商数1。

2）"改作"类口诀

当被除数小于除数并能除尽时用此类口诀。"改作"是指将本档上的被除数改拨成商数。如"六三改作5"，其拨珠动作：将本档上被除数三改成商数5。

3）"余"字类口诀

当被除数小于除数且除不尽有余数时用此类口诀。如"四一2余2"，其拨珠动作：将本档被除数一改成商数2，并把余数2拨加在下一档上。

4）"下加"类口诀

当被除数小于除数，商数与被除数相同并有余数时用此类口诀。如"八二下加4"，其拨珠动作为视本档被除数二为商数2，并把余数4拨加在下一档上。

口诀必须在理解其含义的基础上加以记忆，切忌死记硬背，一旦熟练掌握了归除口诀，运算起来是十分方便的。

6.3.2　一位除法

一位数的除法如用"归除法"运算，亦称"单归"，它直接运用口诀进行运算。

运算步骤为：

①置数。将被除数拨在算盘上，默记除数。

②除算顺序。从被除数的高位起到低位逐位进行除算。每位被除数都要运用九归口诀，求得商数和余数，如用"逢进"类口诀进行计算时，进位后若本档尚有余数，则还必须用其他类口诀再运算一次。

③商的记法。用"逢进"类口诀计算时，商数应拨在被除数的前一档上；用其他几类口诀计算时，商数均用被除数改，余数加在下一档上。

④定位。用盘上公式定位法和固定个位档定位法均可。

［例6-25］ 1 482÷6＝247 （用盘上公式定位法定位）

运算步骤：

①置数。从算盘左边第二档起，拨上被除数1 482，默记除数6。

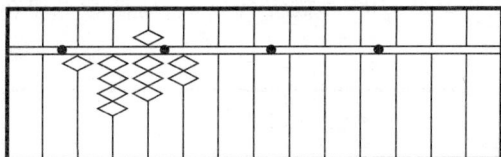

②用除数6去除被除数1，用口诀"六一下加4"，将被除数1视成商数1，在其下一档加余数4，盘面得商数为1，余数为882。

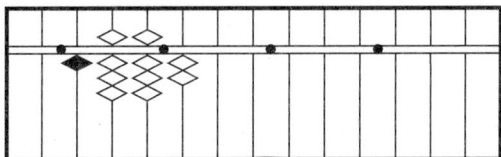

③余数的首位数为8，大于除数6，用口诀"逢六进1"，从余数首位8上拨去除数6，

将商数 1 加在前一档上，使商变为 2，盘面得商数 2，余数为 282。

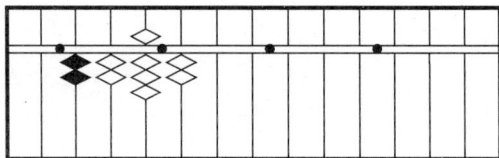

④余数的首位数为 2，用口诀"六二 3 余 2"。将余数首位数 2 改成商数 3，在其下一档加余数 2，盘面得商数 23。因余数首位数是 8，再加 2 已无法加，须默记，所以盘面余数仍为 82。

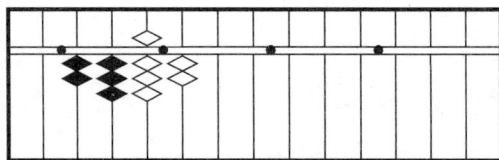

⑤因余数的首位数为 10，大于除数 6，用口诀"逢六进 1"，从余数首位数中拨去除数 6，将商数 1 加在前一档上，使商变为 4，盘面得商数 24，余数为 42。

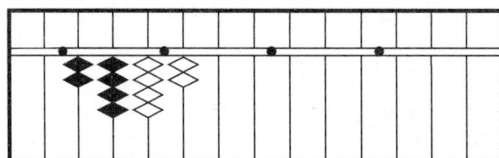

⑥余数的首位数为 4，用口诀"六四 6 余 4"，将余数首位数 4 改成商数 6，在其下一档加余数 4，盘面得商数 246，余数为 6。

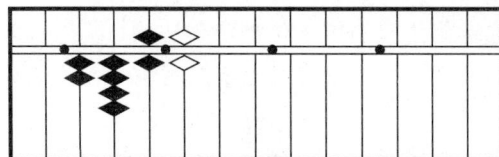

⑦余数是 6，用口诀"逢六进 1"。拨去余数 6，将商数 1 加在前一档上，使商变为 7，除尽，盘面得商数 247。

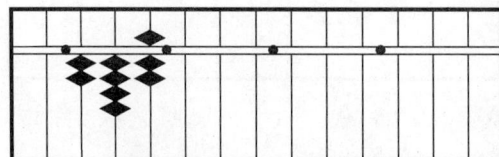

⑧因算盘首位档上无商数，则商的位数为 m−n＝4−1＝3（位），商数为 247。

［例 6-26］　86.52÷0.7＝123.6（用固定个位档定位法定位）

运算步骤：

①在算盘上选定一档作为商的个位档。商的位数为 m−n＝2−0＝2（位），将被除数当做商的位数 86.52 对应拨入算盘，默记除数 7。

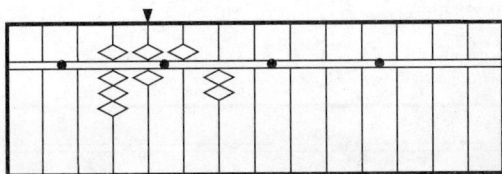

②被除数首位数 8 大于除数 7，用口诀"逢七进 1"。在 8 的本档减去 7，前一档拨商数 1，盘面得商数 1，余数为 1 652。

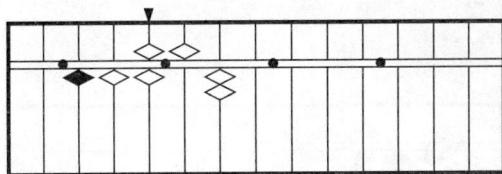

③余数的首位数 1 小于除数 7，用口诀"七一下加 3"。将余数首位数 1 视成商数 1，在其下一档加余数 3，盘面得商数 11，余数为 952。

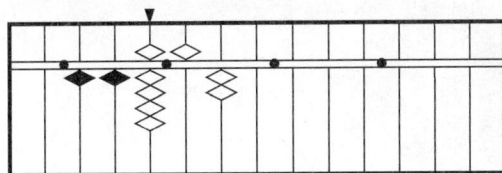

④余数的首位数 9 大于除数 7，用口诀"逢七进 1"。从余数首位数中拨去除数 7，将商数 1 加在前一档上，使商数变为 2，盘面得商数 12，余数为 252。

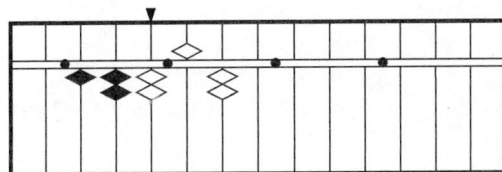

⑤余数的首位数 2 小于除数 7，用口诀"七二下加 6"。将余数首位数 2 视为商数 2，在其下一档加 6（默记 5+6 = 11）。盘面得商数 122，盘面余数仍是 52。

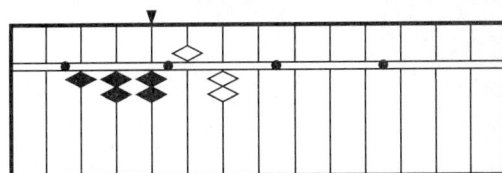

⑥余数首位数 11 大于除数 7，用口诀"逢七进 1"。从 11 中拨去除数 7，将商数 1 加在前一档上，使商数变为 3。盘面得商数 123，余数为 42。

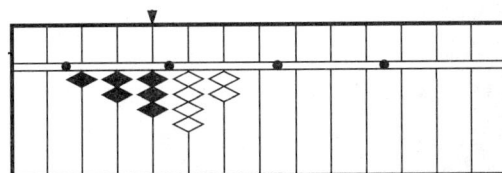

⑦余数的首位数 4 小于除数 7，用口诀"七四 5 余 5"。将余数首位数 4 改成商数 5，下一档加余数 5。盘面得商数 123.5，余数为 7。

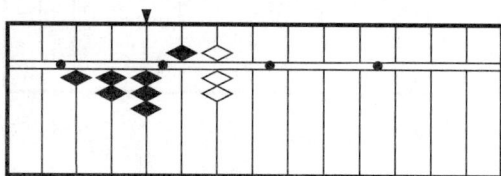

⑧余数为 7，等于除数，用口诀"逢七进 1"。拨去余数 7，将商数 1 加在前一档上，使商数 5 变为 6，除尽。盘面得商数 123.6。

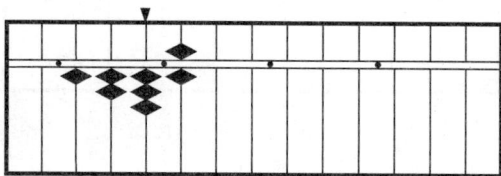

⑨因个位档已确定，得商数 123.6。

◀ **基本训练四** ▶

计算下列各题：

(1) 81 714÷6 =   (2) 25 828÷2 =

(3) 16 632÷7 =   (4) 52 704÷8 =

(5) 88 902÷9 =   (6) 30 584÷4 =

(7) 53 694÷3 =   (8) 39 695÷5 =

(9) 742 392÷6 =   (10) 335 664÷7 =

(11) 31 210÷400 =   (12) 57.4209÷9 =

(13) 12 873÷0.5 =   (14) 2 173.68÷30 =

(15) 250.047÷0.07 =   (16) 649 647÷9 000 =

(17) 46.95÷0.02 =   (18) 55 611÷600 =

(19) 4 216.72÷0.8 =   (20) 31 234÷7 =

6.3.3 二位除法

除数是两位数的称二位除法，它包括"归"和"除"两个步骤。"归"与一位除法相同，用口诀求出试商。"除"是将试商与第二位除数相乘，从被除数中减去，减积规律同不隔位的商除法，经过乘减以后，余数小于除数，试商即为确商。"归除"主要根据除数而定，如除数为 52，即为"五归二除"。

二位除法的运算步骤如下：

①置数。将被除数拨在算盘上。

②"归"。用除数首位数与被除数首位数比较，用九归口诀求出试商。

③"除"。用试商与第二位除数相乘，并将乘积逐位从被除数中减去，得出确商。

④定位。用盘上公式定位法或固定个位档定位法均可。

［例 6-27］ 7 525÷43＝175 （用盘上公式定位法定位）

运算步骤：

①从算盘左边第二档起，将被除数 7 525 拨入，默记除数 43。

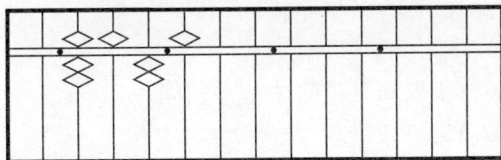

②被除数首位数 7 大于除数首位数 4，用口诀 "逢四进 1"。在被除数首位数 7 中拨去 4，前一档拨上商数 1，然后用商数 1 乘以第二位除数 3，并将乘积 03 从商数 1 下一档起依次减去。盘面得商数 1，余数为 3 225。

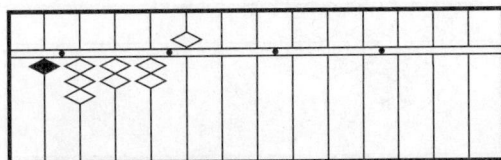

③余数首位数 3 小于除数首位数 4，用口诀 "四三 7 余 2"。将余数首位数 3 改成商数 7，在下一档加余数 2。再用商数 7 乘以除数第二位数 3，并将乘积 21 从商数 7 的下一档起依次减去。盘面得商数 17，余数为 215。

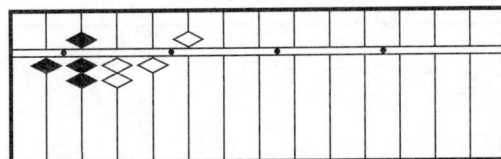

④余数首位数 2 小于除数首位数 4，用口诀 "四二改作 5"。将余数首位数改成商数 5，再用商数 5 乘以除数第二位数 3，并将乘积 15 从商数 5 的下一档起依次减去。盘面得商数 175，余数为 0。

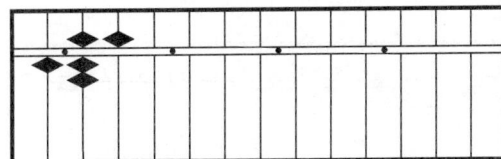

⑤根据盘上公式定位法，算盘首位档有商数，商的位数为 $m-n+1=4-2+1=3$ （位），商数为 175。

◀ 基本训练五 ▶

计算下列各题：

(1) 12 875÷25＝

(2) 10 659÷33＝

(3) 24 975÷45＝

(4) 20 619÷87＝

(5) 10 545÷95＝

(6) 24 976÷56＝

(7) 23 075÷65＝

(8) 51 192÷72＝

（9）77 264÷88＝　　　　　　　　　（10）21 459÷69＝

6.3.4　多位除法

除数是两位数以上的除法称为多位除法。

1）基本归除

多位除法的运算方法与步骤和二位除法基本相同。

［例6-28］698.75÷2.15＝325

运算步骤：

①用固定个位档定位法定位，商的位数为 m－n＝3－1＝2（位）。把被除数当做商的位数 69.875 对应拨入算盘，默记除数 215。

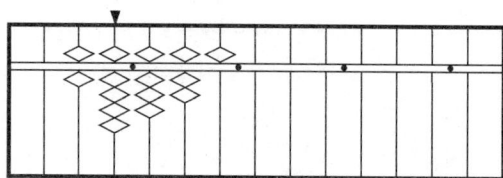

②被除数的首位数 6 大于除数首位数 2，用口诀"逢六进 3"。拨去被除数首位数 6，并在前一档拨上商数 3。然后用商数 3 乘以除数第二、三位数 1、5，并将乘积 03 和 15 从商数 3 的右一档起依次减去。盘面得商数 3，余数为 5 375。

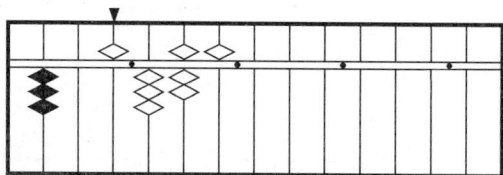

③余数的首位数 5 大于除数首位数 2，用口诀"逢四进 2"。在被除数首位数 5 中拨去 4，并在前一档拨上商数 2。然后用商数 2 乘以除数第二、三位数 1、5，并将乘积 02 和 10 从商数 2 右一档起依次减去。盘面得商数 32，余数为 1 075。

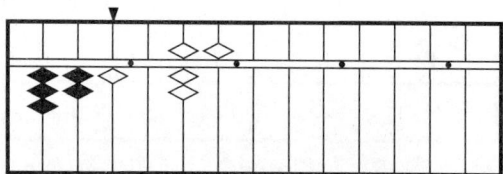

④余数的首位数 1 小于被除数首位数 2，用口诀"二一改作 5"。将余数首位数 1 改成商数 5，然后用商数 5 乘以除数第二、三位数 1、5，并将乘积 05 和 25 从商数 5 的右一档起依次减去。盘面得商数 325，余数为 0。

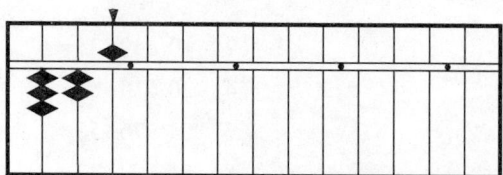

⑤因个位档已确定，得商数 325。

尾数处理同前商除法。

◆▶ **基本训练六** ◀◆

计算下列各题（保留两位小数）：

(1) $97.64 \div 2.49 =$

(2) $403.1 \div 37.6 =$

(3) $70.32 \div 7.54 =$

(4) $1\,208 \div 957 =$

(5) $261.5 \div 998 =$

(6) $609.27 \div 80.36 =$

(7) $251.25 \div 94.26 =$

(8) $89\,125 \div 129.3 =$

(9) $876.58 \div 3\,085 =$

(10) $67\,209 \div 447.8 =$

2）补商

基本归除运算用口诀求商，有时求出的商数过小，就需要把试商调整得大一些。

归除法的补商有以下两种情况：

一是用九归口诀求出试商后，被除数第二位数仍大于除数首位数，或因用口诀下加的余数使被除数第二位数大于除数首位数。

二是求出试商并减完乘积后发现余数仍大于或等于除数。

补商的方法：

第一种情况的补商方法用逢进口诀即可，但在补商时要注意补商后余数是否够减下一档的乘积，若不够减则不能补商。

第二种情况的补商方法是把商数补加 1，然后从其下一档起减去一次除数，若减后余数仍大于除数，则可再次用此方法补商。

［例 6-29］ $22\,412 \div 52 = 431$（用公式定位法定位）

运算步骤：

①将被除数 22 412 拨入算盘，默记除数 52。

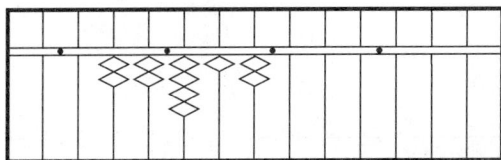

②被除数首位数 2 小于除数首位数 5，用口诀"五二改作 4"。将被除数首位数 2 改成试商 4，并用商数 4 乘以除数第二位数 2，将乘积 08 从商数 4 的右一档起依次减去。盘面得商数 4，余数为 1 612。

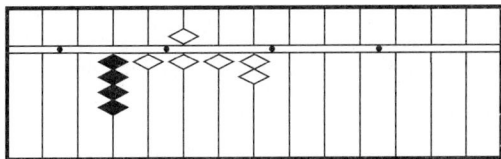

③余数的首位数 1 小于除数首位数 5，用口诀"五一改作 2"。将余数首位数 1 改成商数 2，这时发现余数的第二位数 6 大于除数首位数 5，再用口诀"逢五进 1"进行补商，使商数增为 3，用商数 3 乘以除数第二位数 2，将乘积 06 从商数 3 的右一档起依次减去。

盘面得商数 43，余数为 52。

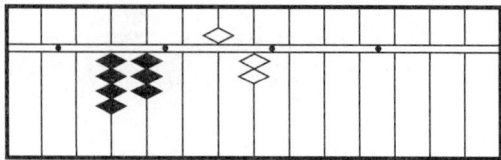

④余数 52 正好等于除数 52，在余数首位数的前一档拨上商数 1，从商数 1 的右一档起依次减去 52。盘面得商数 431，余数为 0。

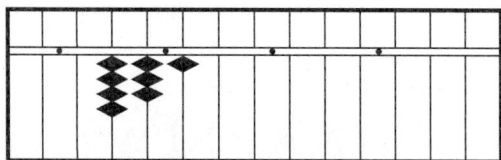

⑤用公式定位法定位，被除数首位数小于除数首位数，商的位数为 m－n＝5－2＝3（位），商数是 431。

3）退商

多位数除法用归除口诀求出试商后，在用商数乘以除数第二位以下各数并进行减积时，余数不够减，说明试商偏大，需要把试商调整得小一些，这种方法叫"退商"。

退商有两种情况：

①如果用口诀求得试商后，马上就发现试商过大，要退商，这时的退商也可以称为"及时退商"。其方法是：从试商中减掉 1，并在其下一档起加还一次除数的首位数，如试商仍过大可以连续退商。可用退商口诀进行退商。

退商口诀为：

一归：无除退一下还 1

二归：无除退一下还 2

三归：无除退一下还 3

四归：无除退一下还 4

五归：无除退一下还 5

六归：无除退一下还 6

七归：无除退一下还 7

八归：无除退一下还 8

九归：无除退一下还 9

②归除退商可能发生在第一次减积时，也可能在第二、三次的乘减过程中发现试商过大（即不够减），不论是在乘减到哪一位时发现不够减，都可"退商"，称为"中途退商"。其方法是：从试商中减掉 1，并在余数中加上已被减过的那一部分除数，然后用调整后的商数与除数进行乘减。

［例 6－30］ 215.12÷45.9＝4.69（用公式定位法定位，保留两位小数）

运算步骤：

①将被除数 21 512 拨入算盘，默记除数 459。

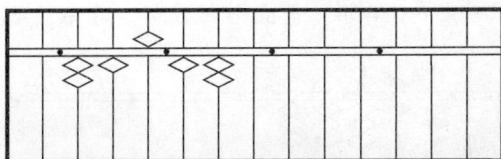

②被除数首位数 2 小于除数首位数 4，用口诀"四二改作 5"。将被除数首位数 2 改成商数 5，并从其下一档减去 5×5＝25，不够减，说明试商过大。

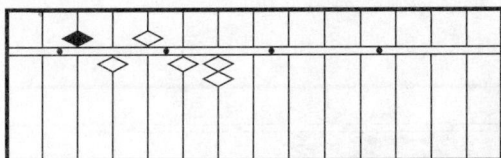

③用四归退商口诀"无除退一下还 4"。商数退一下一档加 4，盘面算珠为 45 512。

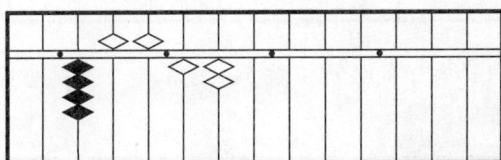

④从商数 4 的下一档依次减去 4×5＝20、4×9＝36，盘面得商数 4，余数为 3 152。

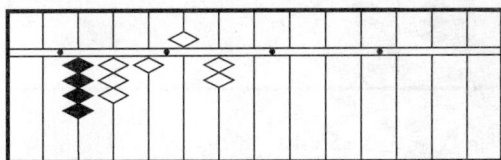

⑤余数首位数 3 小于除数首位数 4，用口诀"四三 7 余 2"。将余数首位数 3 改成试商 7，下一档加余数 2，盘上算珠为 47 352。

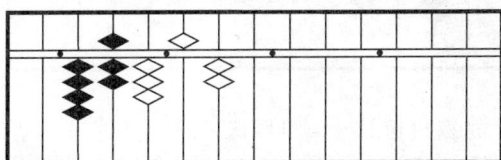

⑥从试商 7 的下一档减去 7×5＝35，盘面算珠为 47 002。

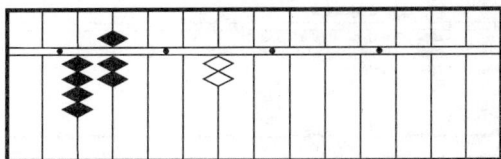

⑦从试商 7 的右二档减去 7×9＝63 时不够减，说明试商过大。用中途退商方法进行调整，即商退一，下一档起依次加上乘减过的除数 45，盘面算珠为 46 452。

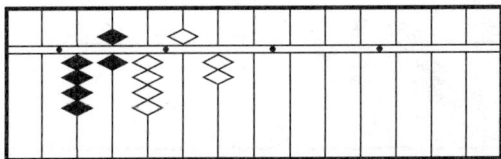

⑧从商数 6 的右二档减去 6×9＝54，盘面得商数 46，余数为 398。

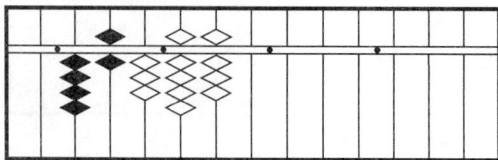

⑨余数的首位数 3 小于除数首位数 4，用口诀"四三 7 余 2"。将余数首位数 3 改成试商 7，下一档加余数 2（因原余数为 9，再加 2 已无法加，须默记），盘面算珠为 46 798。

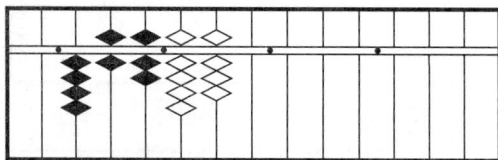

⑩因余数首位数为 11，大于除数首位数 5，用口诀"逢四进 1"补商。将试商 7 调整为商数 8，盘面算珠为 46 878。

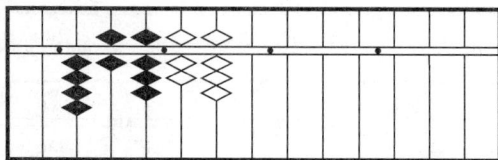

⑪从商数 8 的下一档依次减去 8×5＝40、8×9＝72，盘面得商数 468，余数为 308。

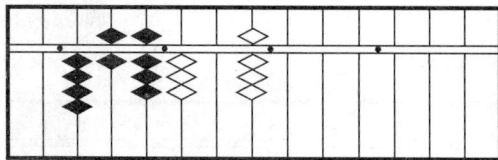

⑫余数首位数 3 小于除数首位数 4，用口诀"四三 7 余 2"。将余数首位数 3 改成试商 7，下一档加余数 2，盘面算珠为 468 728。

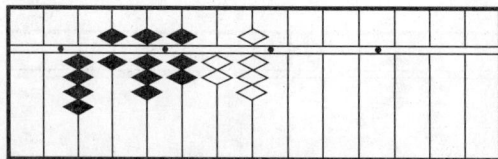

⑬因试商 7×5＝35 不够减，须退商，用四归退商口诀"无除退一下还 4"。盘面算珠为 468 668。

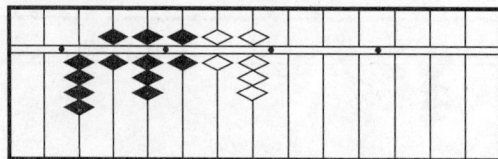

⑭从商数 6 的下一档起依次减去 6×5＝30、6×9＝54，盘面得商数为 4 686，余数为 326。

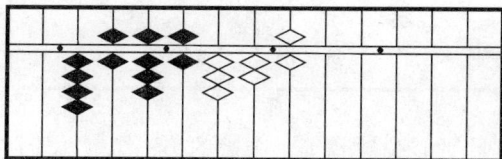

⑮根据公式定位法，因被除数的首位数小于除数首位数，故商的位数等于 m−n＝3−2＝1（位），商数为 4.69。

4）撞归

在归除法的运算过程中，有时会出现被除数（或余数）的首位数（或前几位数）与除数的首位数（或前几位数）相同，而被除数（或余数）第二位数（或后几位数）小于除数的第二位数（或后几位数）的情况，被称为"齐头"。这时，就需要用撞归口诀进行运算。

撞归口诀为：

一归：见一无除作 91

二归：见二无除作 92

三归：见三无除作 93

四归：见四无除作 94

五归：见五无除作 95

六归：见六无除作 96

七归：见七无除作 97

八归：见八无除作 98

九归：见九无除作 99

口诀中的"见几"是指遇到除数和被除数首位数相等时的数字。"无除"是指被除数第二位以后数字小于除数第二位以后的数字。"作 9 几"是指把被除数的首位数改作商数 9，并在其下一档加上被除数的首位数。

［例 6−31］254.72÷64＝3.98（用固定个位档定位法定位）

运算步骤：

①在算盘上选定一档作为商的个位档，商的位数等于 m−n＝3−2＝1（位），把被除数当做商的位数对应拨入算盘，默记除数 64。

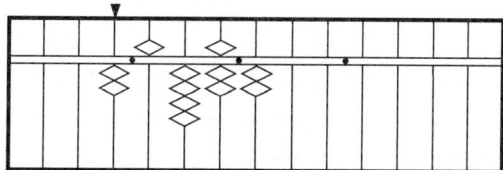

②被除数首位数 2 小于除数首位数 6，用口诀"六二 3 余 2"。将被除数首位数 2 改成商数 3，下一档加余数 2，并用商数 3 乘以第二位除数 4，将乘积 12 从商数 3 的下一档依次减去。盘面得商数 3，余数为 6 272。

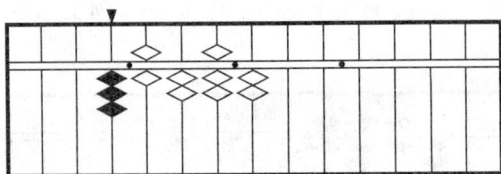

③因余数的首位数与除数首位数相等，余数的第二位数小于除数的第二位数，用六归撞归口诀"见六无除作96"。将余数首位数6改成商数9，并在其下一档加上被除数的首位数6，盘面算珠为39 872。

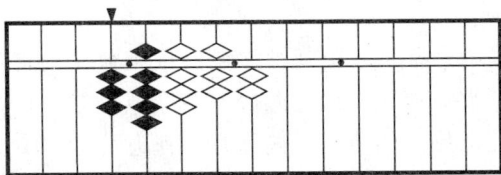

④用商数9乘以除数第二位数4，将乘积36从商数9的下一档依次减去。盘面得商数3.9，余数为512。

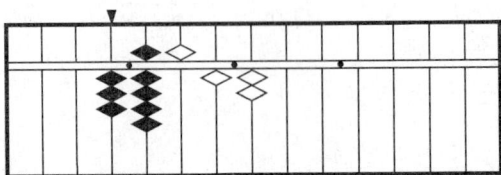

⑤余数首位数5小于除数首位数6，用口诀"六五8余2"。将余数首位数5改成商数8，下一档加余数2，并用商数8乘以第二位除数4，将乘积32从商数8的下一档依次减去。盘面得商数3.98，余数为0。

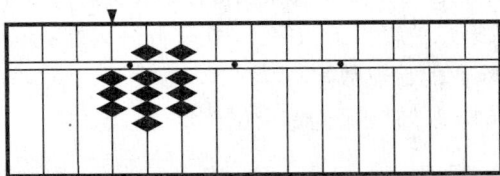

⑥根据已固定的个位档，得商数3.98。

[例6-32] 45 198÷243=186（用公式定位法定位）

运算步骤：

①从算盘左边第二档起，拨上被除数45 198，默记除数243。

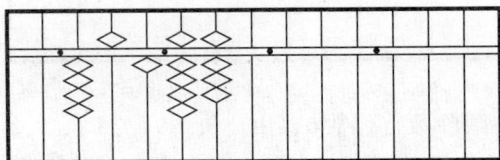

②被除数首位数 4 大于除数首位数 2，考虑到后面的余数应够乘减，用口诀"逢二进1"。在被除数首位数 4 中拨去 2，在前一档拨上商数 1，再用商数 1 乘以第二、三位除数，将乘积 04 和 03 从商数 1 的下一档起依次减去。盘面得商数 1，余数为 20 898。

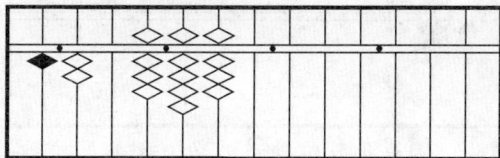

③因余数首位数 2 与除数首位数 2 相等，余数的第二位数小于除数第二位数，用二归撞归口诀"见二无除作 92"。将余数首位数 2 改成商数 9，并在其下一档加上被除数的首位数 2。盘面算珠为 192 898。

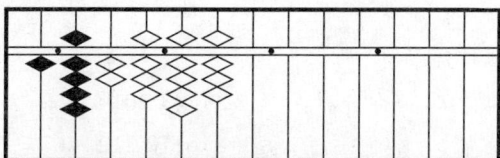

④用商数 9 乘以第二位除数 4，再从商数 9 的下一档减去 36 时不够减，说明试商过大。用退商口诀"无除退一下还 2"，商退 1，下一档加 2，盘面算珠为 184 898。

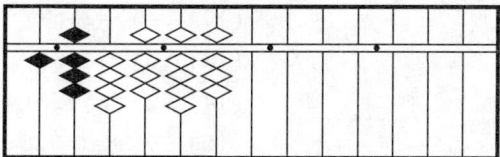

⑤用调整后的商数 8 乘以第二、三位除数，将乘积 32 和 24 从商数 8 的下一档依次减去，盘面得商数 18，余数为 1 458。

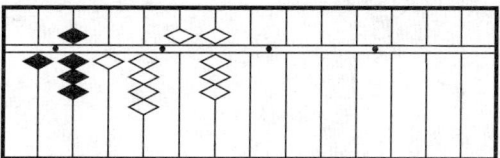

⑥余数的首位数 1 小于除数首位数 2，用口诀"二一改作 5"。将余数首位数改成商数 5，盘面算珠为 185 458。

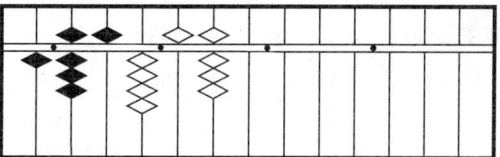

⑦用商数 5 乘以第二、三位除数，将乘积 20 和 15 从商数 5 的下一档起依次减去。盘面得商数 185，余 243。

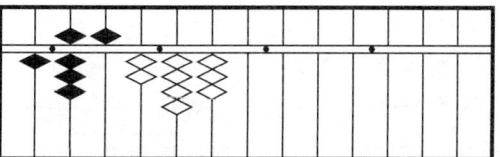

⑧余数 243 等于除数 243，说明商数 5 偏小，须补商，在商数 5 上加 1，然后从其下一档起依次减去除数 243。盘面得商数 186，余数为 0。

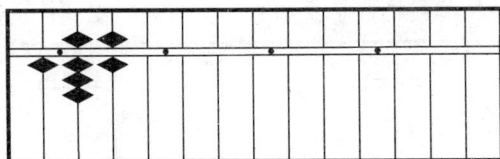

⑨根据盘上公式定位法，因算盘首位档有商数，则商的位数等于 m−n+1 = 5−3+1 = 3（位），商数为 186。

对除不尽且保留两位小数算题的尾数处理方法同商除法。

◀ 基本训练七 ▶

计算下列各题（保留两位小数）：

（1）305 760÷98 =　　　　　　　　　（2）43 301÷53 =

（3）57 771÷63 =　　　　　　　　　　（4）110 212÷467 =

（5）725 116÷893 =　　　　　　　　　（6）51 282÷77 =

（7）20 794÷37 =　　　　　　　　　　（8）115 182÷243 =

（9）218 444÷388 =　　　　　　　　　（10）340 442÷589 =

（11）14 381÷73 =　　　　　　　　　　（12）16 398÷18 =

（13）419 206÷478 =　　　　　　　　　（14）225 565÷229 =

（15）373 329÷891 =　　　　　　　　　（16）29.38÷0.726 =

（17）645.7÷26.4 =　　　　　　　　　　（18）6 183÷176 =

（19）438.2÷42.06 =　　　　　　　　　（20）2 147÷58.04 =

◀ 本章小结 ▶

● 公式定位法

（1）根据首位数选用公式定位法

①当被除数的首位数小于除数的首位数，亦称"不够除"时，商的位数等于被除数位数减去除数位数。用公式（6-1）表示如下：

$$m-n \tag{6-1}$$

②当被除数的首位数大于除数的首位数亦称"够除"时，商的位数等于被除数位数减去除数位数再加 1。用公式（6-2）表示如下：

$$m-n+1 \tag{6-2}$$

③当被除数的首位数与除数的首位数相等时，则比较第二位，并按照上述方法定位，依此类推。如果被除数与除数的各位数完全相等，则用公式（6-2）定位。

（2）根据不隔位除或隔位除选用公式定位法

①用不隔位除法运算。若商的首位数与被除数首位数在同一档上，则用公式（6-1）定位；若商的首位数在被除数首位数的前一档上，则用公式（6-2）定位。

②用隔位除法运算。若商的首位数在被除数首位数的前一档上，则用公式（6-1）定位；若商的首位数在被除数首位数的前二档上，则用公式（6-2）定位。这种定位方法可

以概括为"位数相减，够除加1"。

● 首档定位法。如把公式定位法的原理用到算盘盘面上，则叫做"盘上公式定位法"，又称"首档定位法"。

①用不隔位除法运算时，可在算盘左边空一档，即从左边第二档起拨置被除数。通过运算，如算盘首档有商数，则用公式（6-2）定位；如算盘首档是空档，则用公式（6-1）定位。

②用隔位除法运算时，可在算盘左边空二档，即从左边第三档起拨置被除数。通过运算后，如首档有商数，则用公式（6-2）定位；如首档是空档，则用公式（6-1）定位。这种定位方法可以概括为："位数相减，满档加1"。

● 固定个位档定位法。固定个位档定位法属于算前定位法。即在计算前首先应在算盘盘面上选定一档作为商的个位档，然后根据除算的不同运算方法确定拨入被除数的位数。如采用不隔位除法，即用被除数位数减去除数位数（m-n）确定商的位数，然后把被除数当做商的位数对号拨入算盘；如采用隔位除法，则用被除数位数减去除数位数再减1（m-n-1）的方法确定商的位数，然后把被除数当做商的位数对号拨入算盘。计算完毕，即可书写答案。

● 商除法的运算步骤：

隔位的商除法，从算盘左边第三档起拨上被除数，或在算盘上固定个位档，将被除数对号拨入，默记除数。按"够除隔位商，不够除挨位商"的规则将估出的商数拨在算盘上，并从被除数（或余数）中，减去商数与除数的乘积。减积档次为：乘积的十位数在商的右一档上减，乘积的个位数在十位数的下一档上减，上一次减积的个位档是下一次减积的十位档。

不隔位的商除法，从算盘左边第二档起拨上被除数或在算盘上固定个位档，将被除数对号拨入，默记除数。按"够除前位商，不够除本位商"的规则将估出的商数拨在算盘上，并从被除数（或余数）中减去商数与除数的乘积。减积档次为：商本位减乘积的十位数，商的下一档减乘积的个位数，上一次减积的个位档，是下一次减积的十位档。

● 归除法，是运用口诀进行估商，指导除法运算的一种计算方法。

归除法是不隔位除法。它包括"归"和"除"两个步骤。"归"是用口诀求得试商，"除"是用商数与除数的第二位以后的数字相乘，从被除数（或余数）中减去（每求一位商数都必须要经过"归"和"除"）。除数是一位数，直接用九归口诀就可求得商数，亦称"单归"；除数是二位以上的，用归除口诀求出商数后，再进行"除"，减积规则同不隔位的商除法，即商本位减乘积的十位数，商的下一档减乘积的个位数。

● 补商。第一种情况是用九归口诀求出试商后，被除数第二位数仍大于除数首位数，可用逢进口诀进行补商。若不够减积则不能补商。第二种情况是求出试商并减完乘积后发现余数仍大于或等于除数，可把商数补加1，然后从其下一档起减去一次除数，若减后余数仍大于除数，则可再次用此方法补商。

● 退商。第一种情况是用口诀求得试商后，马上发现试商过大，要退商，其方法是：从试商中减去1，并在其下一档加还一次除数的首位数；如试商仍过大，可以连续退商，也可用退商口诀进行退商。第二种情况是"中途退商"，不论乘减到哪一位时发现不够减都可退商，其方法是：从试商中减去1，并在余数中加上已被乘减过的那一部分除数，然后用调整后的商数与除数进行乘减。

● 撞归。在归除法的运算过程中，有时会出现被除数（或余数）的首位数（或前几位数）与除数的首位数（或前几位数）相同，而被除数（或余数）第二位数（或后几位数）小于除数的第二位数（或后几位数）的情况，被称为"齐头"，这时，就需要用撞归口诀进行运算。其方法是：把被除数的首位数改为商数9，并在其下一档加上被除数的首位数。

● 尾数的处理。一般用目测加倍法，即求出两位小数后，目测余数的前两位数，然后将其加倍，如大于或等于除数的前两位数则进位，如小于则舍去。

第 7 章

简捷加减法

学习目标

知识目标：通过本章学习，应能够了解简捷加减法的基本原理，并能运用这个原理进行补数加减法和倒减法的运算。

技能目标：熟练运用加减法的并行运算和倒减方法，提高珠算加减法的运用水平，并能在实际的运算工作中灵活地运用。

　　基本加减法，是通过加快拨珠的速度（频率）来提高计算水平的，但手指拨珠速度的提高总是有一定限度的，达到这个限度以后就难以再提高了。简捷加减法是以基本加减法为基础，采用合理的运算方式，简化运算过程，减少拨珠次数，来提高运算的速度和准确率的。只要我们坚持练习，就能取得较好的计算效果。

7.1 补数加减法

　　补数加减法是指运用补数原理进行加减法的运算，以简化运算过程，减少拨珠动作，提高运算的效率。

　　运算方法是：在加减运算中，当某数接近 10^n（n 为自然数）时，可运用补数原理进行简化运算。加法运算方法是加补（10^n）减凑（补数）；减法运算方法是减补加凑。

　　求补数的方法为"前位凑九，末位凑十"。

［例 7-1］　138 562+99 964

$$= 138\ 562 + 100\ 000 - 36$$

$$= 238\ 526$$

运算步骤：

①确定个位档，将被加数 138 562 拨入算盘。

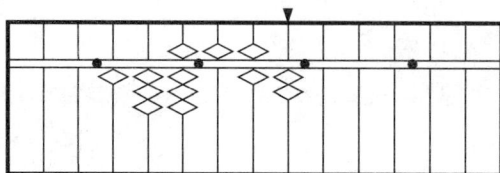

②加数 99 964 接近 100 000，加上 100 000。

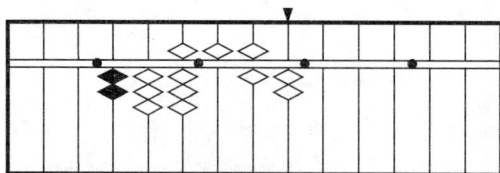

③减去加数的补数 36，得 238 526。

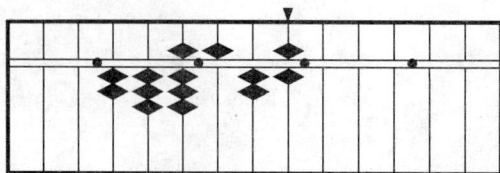

［例 7-2］　6 384.52-995.78

$$= 6\ 384.52 - 1\ 000 + 4.22$$

$$= 5\ 388.74$$

运算步骤：

①确定个位档，将被减数 6 384.52 拨入算盘。

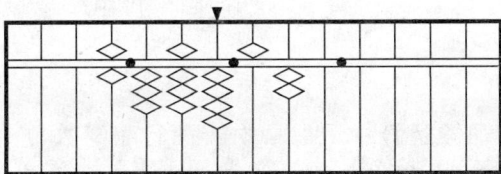

②减数 995.78 接近 1 000，即减 1 000。

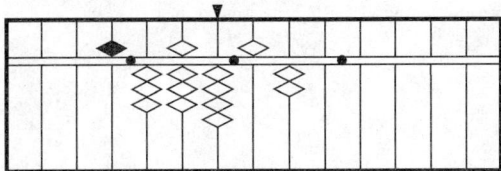

③加上减去的补数 4.22，得差 5 388.74。

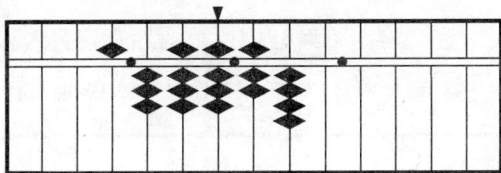

［例 7-3］　7 512+6 948-3 795

　　　　　=7 512+7 000-52-4 000+205

　　　　　=10 665

◀ **基本训练一** ▶

计算下列各题：

(1)　382.54+996.75 =

(2)　1 469.82+994.93 =

(3)　594 327+999 946 =

(4)　165 734+999 291 =

(5)　1 736.89+995.43 =

(6)　14 673.60+9 917.95 =

(7)　58 732+98 964 =

(8)　8 467.38+9 999.33 =

(9)　981 256+987 942 =

(10)　138 657+978 994 =

(11)　75 486.72-9 943.27 =

(12)　253 467.91-95 959.95 =

(13)　6 954.83-995.89 =

(14)　631 357-96 549 =

(15)　874 329-98 671 =

(16)　129 536.54-96 981.29 =

(17)　48 952.61-9 976.45 =

(18)　139 725-95 892 =

(19)　367 528.49-97 834.52 =

(20)　2 374.58-997.18 =

7.2　并行加减法

　　提高珠算的运算速度必须结合心算，加减法珠算、心算结合的最好途径，就是把几个加数或减数的同位数用心算将两行、三行或多行进行并算后的和（或差）一次拨入算盘。

这种运算方法提高了心算能力，成倍地减少了拨珠次数，大大提高了运算速度和准确率。

7.2.1 一目二行法

一目二行法，即在加减运算中采取一次看两行相同数位上的数字，并心算出和（或差），然后拨入对应档次的方法，一般有"直加法""正负抵消法"等。

1）直加法

[例7-4]

$$
\begin{array}{r}
14\,372 \\
3\,216 \\
1\,084 \\
+\quad 7\,503 \\
\hline
26\,175
\end{array}
$$

运算步骤：

心算两行合并从高位算起，将上下两行同位数的和直接拨入算盘。

①求小数点前第五位之和，心算得1，在算盘的相应位置上拨入1。

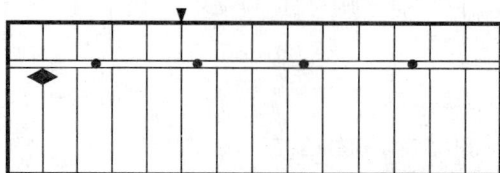

②求小数点前第四位之和，心算得7，对应地拨入算盘。

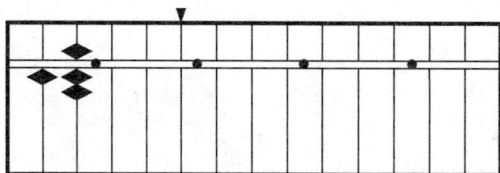

③求小数点前第三位之和，心算得5，对应地拨入算盘。

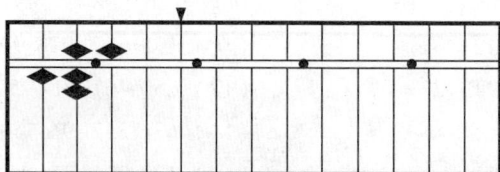

④求小数点前第二位之和，心算得8，对应拨入算盘。

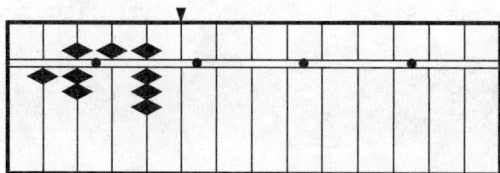

⑤求小数点前第一位之和,心算得 8,对应拨入算盘。

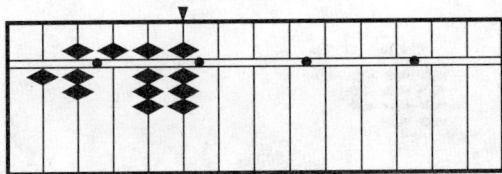

⑥用同样的方法将三、四两行并行心算结果依次加在前两行之和上,即在 17 588 对应档上依次加上 8、5、8、7,答案为 26 175。

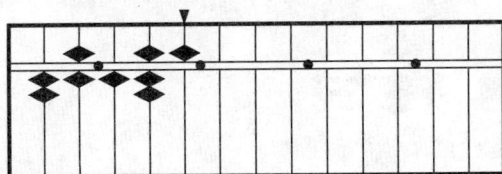

2) 正负抵消法

[例 7-5]

$$
\begin{array}{r}
5\ 671 \\
-735 \\
294 \\
-2\ 413 \\
\hline
2\ 817
\end{array}
$$

运算步骤:

①第一、二两行小数点前第四档两数差为加 5,将其对应拨入盘中。

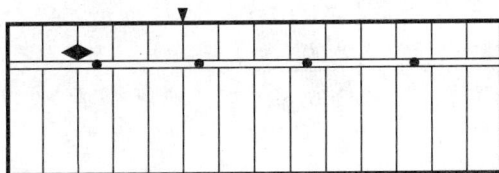

②小数点前第三档两数为加 6,减 7,相抵消后,为减 1,从前档借 1 运算,前档减 1,本档拨入余数 9。

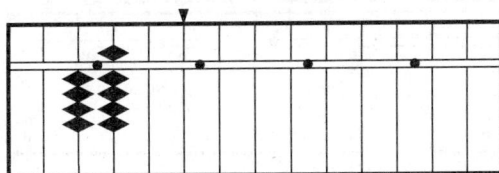

③小数点前第二档两数为加 7,减 3,相抵消后,为加 4,对应拨入盘中。

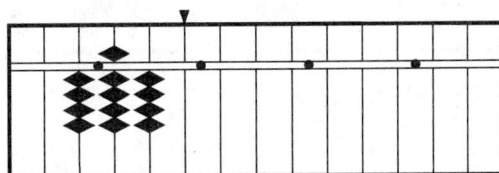

④小数点前第一档两数为加 1,减 5,相抵消后,为减 4,从前档借 1,本档拨入余

数 6。

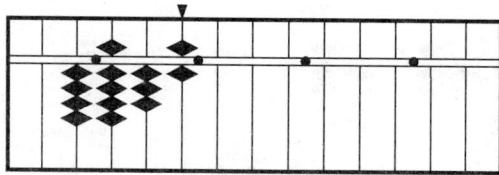

⑤用同样的方法将第三、四两行抵消后，分别在小数点前第四档减 2，第三档减 2，第二档加 8，第一档加 1，依次在算盘对应档上该加则加，该减则减，答案为 2 817。

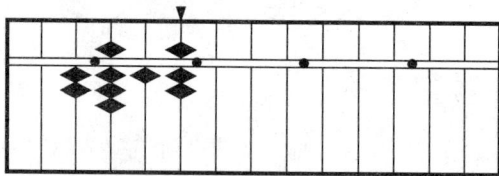

7.2.2　一目三行法

在竖式加减法运算中，用心算求出三行相同位数上的数字的和（或差），然后拨入对应档次，称一目三行法。一目三行运算一般有"直接加减法""正负抵消法""提前进位法""弃九弃十法"等。

1）正负抵消法

[例 7-6]

$$
\begin{array}{r}
254.36 \\
-72.98 \\
9.45 \\
1\,063.27 \\
-41.62 \\
-\ 815.79 \\
\hline
396.69
\end{array}
$$

运算步骤：

①从高位算起，小数点前第三位上只有第一行有数字，第二、三行无数字，视为 0，所以本档为加 2，对应拨入算盘。

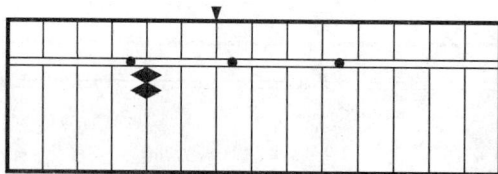

②小数点前第二位上第一、二行有数字，第三行无数字，视为 0，第一、二行两数相抵消后为减 2，不够减，从前档借 1 减后得 8，对应拨入算盘。

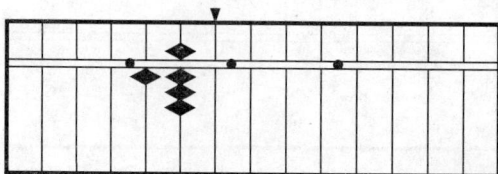

③小数点前第一位上三个数相抵消后为加 11，对应拨入算盘。

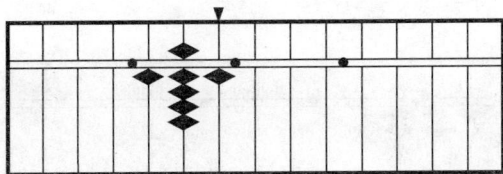

④小数点后第一位上三个数相抵消后为减 2，不够减，从前档借 1 后减得 8，对应拨入算盘。

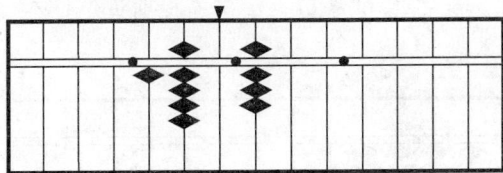

⑤小数点后第二位上三个数相抵消后为加 3，对应拨入算盘。

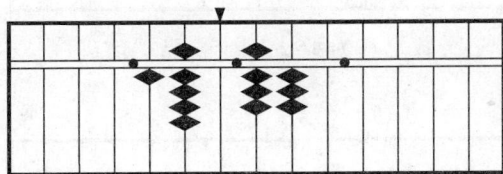

⑥用同样的方法，将第四、五、六三行并行抵消后，分别求出小数点前第四档加 1，第三档减 8，第二档加 1……依次在算盘上该加则加，该减则减，答案为 396.69。

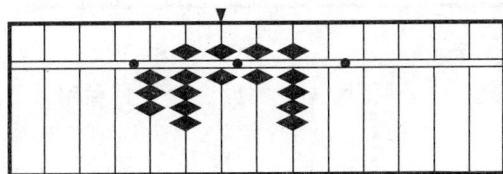

2）提前进位法

一目三行提前进位法是指在运算时，心算本位三个数的和的同时，目测后三位数是否要进位，如后三位要进位，则把该进的数加入本档数一并拨入盘中。

［例 7-7］

$$
\begin{array}{r}
4\,937 \\
5\,186 \\
+\quad 2\,603 \\
\hline
12\,726
\end{array}
$$

运算步骤：

①从高位算起，小数点前第四位上三个数之和为 11，因后一位需进位 1，则算盘上首位（第五档）拨入 1，第四档拨入 1+1，即 2。

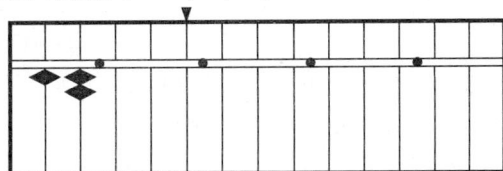

②小数点前第三位上三个数之和为 16，因十位已提前进位，本档拨入 6，因后一位需进位 1，则应拨入 6+1，即 7。

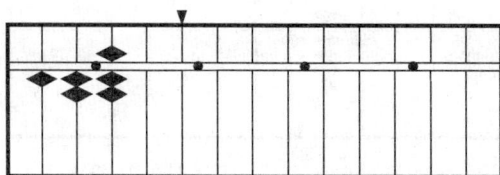

③小数点前第二位上三个数之和为 11，十位已提前进位，本档拨入 1，因后一位需进位 1，则应拨入 1+1，即 2。

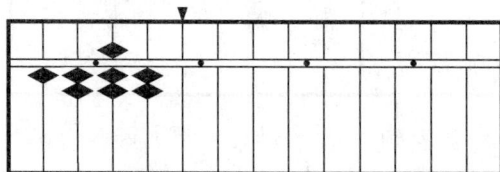

④小数点前第一位上三个数之和为 16，因十位已提前进位，本档则应拨入 6，答案为12 726。

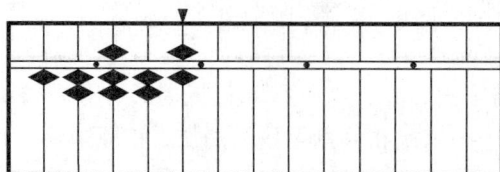

3）一目三行弃九弃十法

一目三行弃九弃十法也是一种提前进位的方法。它是利用补数加齐减补，即计算时按照"首位加 1，中位弃九，末位弃十，够弃加余，欠弃减退"的原则进行运算。其主要适用于加法运算。

"首位加 1"是指在弃九的前档加 1（即后面的各位都提前进 1）。

"中位弃九"是指中间各位的三个数之和大于或等于 9，便弃掉一个 9，余几就在算盘上加几；三个数之和小于 9，则减去 9 与三个数和的差。

"末位弃十"是指在末位三个数之和大于 10 时，在末位加上三个数之和与 10 的差；三个数之和小于 10 时，则减去 10 与三个数之和的差；三个数之和等于 10 时，表明已进过位，本档不用拨珠。

[例 7-8]

$$
\begin{array}{r}
6\ 235 \\
984 \\
+\ 8\ 623 \\
\hline
15\ 842
\end{array}
$$

运算步骤：

从高位算起小数点前第四位 6+8 之和超过 9，在前一档进位 1（第五档），然后所有中位各档都弃九，第四、三、二位都是中位，依次拨加弃九后的余数，分别为 5、8、4，末位弃十后拨加余数 2，答案为 15 842。

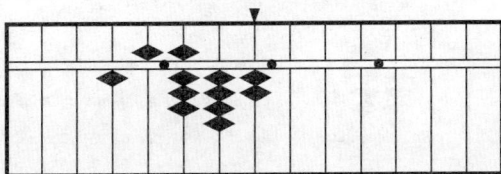

[例 7-9]
$$
\begin{array}{r}
43\,021 \\
9\,168 \\
+\ 2\,705 \\
\hline
54\,894
\end{array}
$$

运算步骤：

从高位算起小数点前第四位三个数之和大于 9，则向第五位进 1，第五档应拨入 5；第四档三个数之和大于 9，拨加弃九后的余数 5；第三档三个数之和小于 9，拨减 9 与该三个数之和的差 1；第二档同样是三个数之和小于 9，拨减 9 与该三个数之和的差 1；第一档三个数之和大于 10，拨加弃十后的余数 4，答案为 54 894。

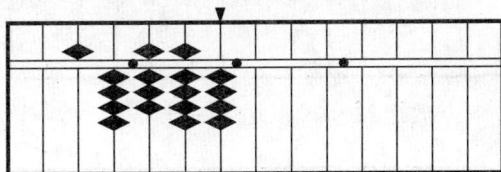

7.2.3　一目多行法

在一目二行、一目三行已熟练掌握的基础上，为进一步加强心算、加快运算速度、提高计算水平，可以逐步过渡到一目四行、一目五行等一目多行的运算方法上，常用的一目多行法有"直加直减法""提前进位法""弃双九弃双十法"等。

1）一目多行直接法

[例 7-10]
$$
\begin{array}{r}
5\,732 \\
18\,604 \\
21\,956 \\
187 \\
+\ 4\,310 \\
\hline
50\,789
\end{array}
$$

运算步骤：

①小数点前第五位上两个数之和为 3，对应拨入盘中。

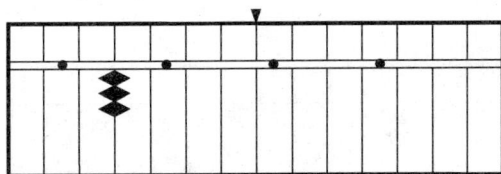

②小数点前第四位上 4 个数之和为 18，在第五档加 1，第四档拨加 8。

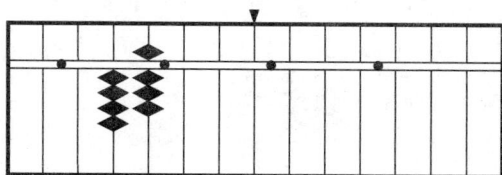

③小数点前第三位上 5 个数之和为 26，在第四档加 2，第三档拨加 6。

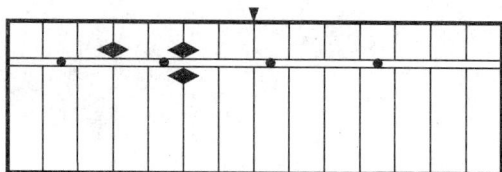

④小数点前第二位上 5 个数之和为 17，在第三档加 1，第二档拨加 7。

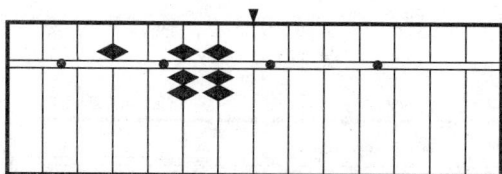

⑤小数点前第一位上 5 个数之和为 19，在第二档加 1，第一档拨加 9，答案为 50 789。

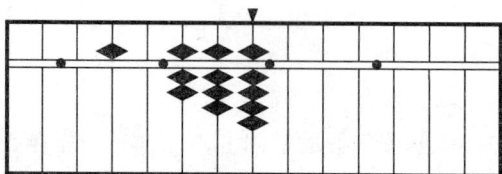

2）一目多行提前进位法

一目多行提前进位法类似于一目三行提前进位法，在运算时，心算本位多个数之和的同时，目测后位是否要进位，后位需要进几则本位加进几。

[例 7-11]

$$
\begin{array}{r}
7\ 231 \\
1\ 684 \\
9\ 563 \\
+\ \ 2\ 475 \\
\hline
20\ 953
\end{array}
$$

运算步骤：

①从高位算起，小数点前第四位 4 个数之和为 19，目测后一位须进位 1，则盘上第五档应拨入 2，本档为 0（本档为 9 加后位进 1）。

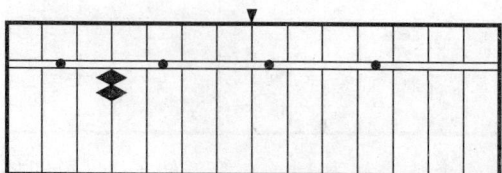

②小数点前第三位 4 个数之和为 17，由于十位已提前进位，本档应拨入 7，目测后一位需要进位 2，则盘上第三档应拨入 7+2，即 9。

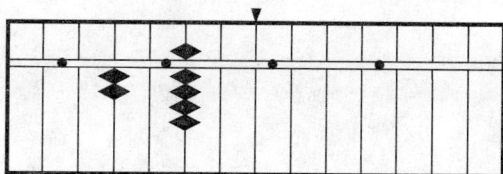

③小数点前第二位 4 个数之和为 24，十位已提前进位，本档应拨入 4，目测后一位需要进位 1，则盘上第二档应拨入 4+1，即 5。

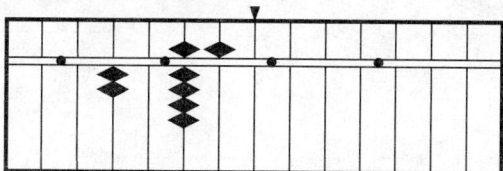

④小数点前第一位 4 个数之和为 13，十位已提前进位，所以本档只需要拨入 3，答案为 20 953。

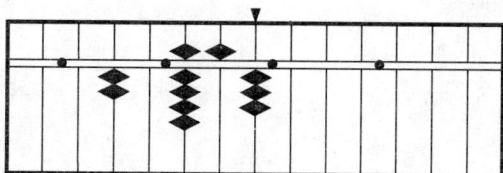

3）一目多行弃双九弃双十法

一目多行弃双九弃双十法类似于一目三行弃九弃十法，同样是利用提前进位，补数加齐减补，即前位加 2，中位弃双九，末位弃双十，少减多加，进行一目多行的运算方法。

〔例 7-12〕
$$\begin{array}{r}3\ 251\\65\ 092\\836\\79\ 408\\347\\+\ 8\ 024\\\hline 156\ 958\end{array}$$

运算步骤：

从高位算起，小数点前第五位 2 个数之和为 13，加上提前进位的 2，算盘上第六档应拨入 1，第五档应拨入 5；第四档 6 个数之和大于 18，拨加弃双九后的余数 7；第三档 6 个数之和小于 18，拨减 9 与该 6 个数之和弃一个九后的差 1；第二档 6 个数之和大于 18，拨加弃双九后的余数 5；第一档 6 个数之和大于 20，拨加弃双十后的余数 8，答案为 156 958。

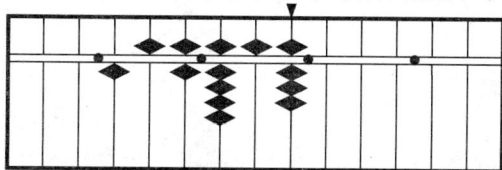

◀ 基本训练二 ▶

计算下列各题：

（1）	7 643 128	（2）	18 925
	52 487		3 029 136
	4 596		2 347
	907 463		435 281
	1 529 830		2 541 798
	＋　31 942		＋　57 402

（3）	4 931	（4）	524 189
	2 715 048		−5 290
	−36 159		67 312
	−847 263		5 378 426
	3 958 476		−89 537
	−61 527		−2 490 658

（5）	6 785 948	（6）	517 306
	1 834		28 417
	892 713		6 349 528
	43 605		1 639
	2 914 586		3 452 761
	＋　26 198		＋　73 892

（7）	18 435	（8）	9 612 473
	79 546		−23 584
	8 097 324		4 695
	−341 972		−735 806
	−2 869		−4 856 917
	−6 120 758		67 128

（9）	681.54	（10）	68 241.59
	70 293.65		352.60
	14.76		63.71
	3 425.87		29 475.82
	24 536.98		586.93
	＋　947.12		＋　1 697.04

(11)　　　8 194.62　　　　　　(12)　　　　64.53
　　　　96 205.73　　　　　　　　　73 516.84
　　　　　-26.84　　　　　　　　　　-827.95
　　　　4 317.95　　　　　　　　　4 938.06
　　　-65 428.01　　　　　　　　-35 049.17
　　　　　-53.16　　　　　　　　　-152.38
　　　　―――――――　　　　　　　―――――――

(13)　　　89 735.46　　　　　　(14)　　　　37.46
　　　　　846.57　　　　　　　　　　548.67
　　　　　-57.68　　　　　　　　　71 659.82
　　　-43 968.70　　　　　　　　-2 760.93
　　　　-179.82　　　　　　　　-43 871.24
　　　　4 081.93　　　　　　　　　-982.35
　　　　―――――――　　　　　　　―――――――

(15) 189.24+71 298.43+46.15+2 465.37+512.86+49 631.52 =

(16) 6 213.94+324.81+49 136.25+59.13+28 965.37+847.29 =

(17) 84 921.53-842.65+53.76-41 765.89-654.21+9 128.34 =

(18) 961 542.38-752.49-81 963.51+140.62-41 235.76+546.81 =

(19) 49.12+91 850.24-761.35+2 673.46-63 541.87-830.21 =

(20) 792.34+54 361.87-92.68+3 745.09-481.26-25 473.68 =

7.3　倒减法

在加减法或加减混合运算中，往往会遇到减数大于被减数的情况。为了不改变运算顺序，可以利用虚借 1 的方法，加大被减数，然后继续运算，求出结果，这种方法被称为倒减法或借减法。

在倒减法的运算中，当出现不够减时，就在比减数大一位的档上虚借 1，减去减数。当虚借 1 的档上由于直加或进位所得一旦出现数字时，要马上及时归还虚借的 1，即随借随还。如果计算结果已归还了虚借的 1，算盘上的数就是该算题的答案，是正值；如果计算结果不够归还虚借的 1，则算盘上的数不是答案，它的补加数才是该算题的答案，且是负值。

当第一次虚借 1 已归还，又遇上不够减时，处理方法同第一次。

当第一次虚借 1 没有归还，又遇上不够减，就要再虚借。第二次虚借 1 不能从原先虚借 1 的同档上或低档上虚借，而必须在第一次虚借 1 的前档上虚借 1，同时要及时归还第一次虚借的 1，即借大还小，然后继续运算。答案也是存在两种情况。

［例 7-13］ 284.37-612.59+461.03 = 132.81

运算步骤：

①将被减数 284.37 拨入盘中，减去 612.59 不够减，从千位虚借 1，把被减数看做

1 284.37。

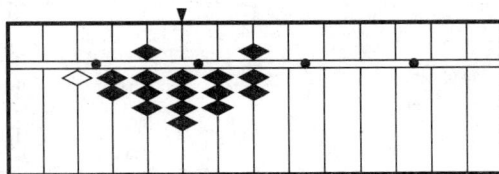

②减去 612.59，得 671.78。

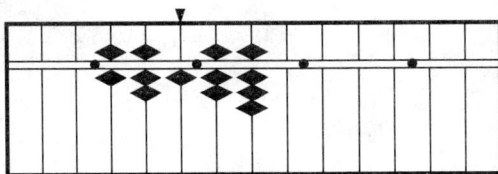

③加上 461.03，及时归还千位上虚借的 1，得 132.81。

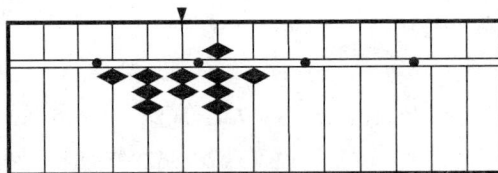

［例 7-14］ 432.95-591.67-28.53=-187.25

运算步骤：

①将被减数 432.95 拨入盘中，减去 591.67 不够减，从千位虚借 1，把被减数看做 1 432.95。

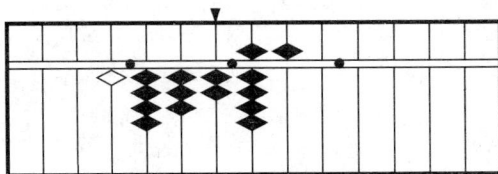

②减去 591.67，得 841.28。

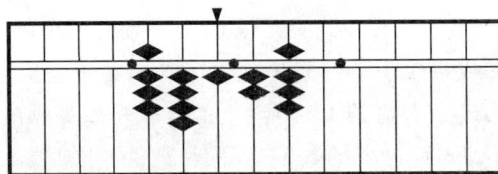

③再减去 28.53，得 812.75。

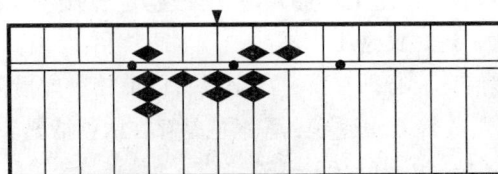

④因虚借的 1 一直未归还，算盘上的数不是答案，而是它的补加数，且是负值即为 -187.25。

［例7-15］3 567-8 192-27 405+615 284＝583 254

运算步骤：

①将被减数 3 567 拨入算盘，减去 8 192 不够减，从万位上虚借 1，把被减数看做 13 567。

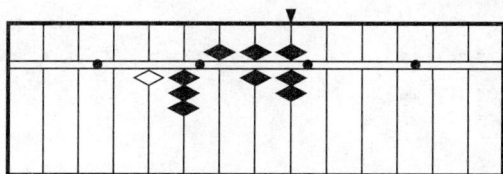

②减去 8 192，得 5 375。

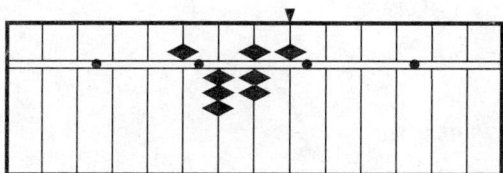

③减去 27 405，又出现不够减，只能从十万位上再虚借 1，同时归还万位上虚借的 1，即借大还小，盘面得 95 375。

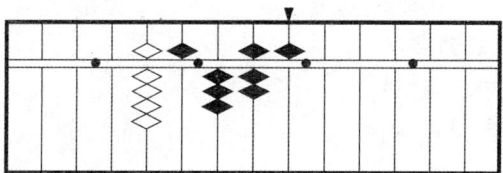

④减去 27 405，得 67 970。

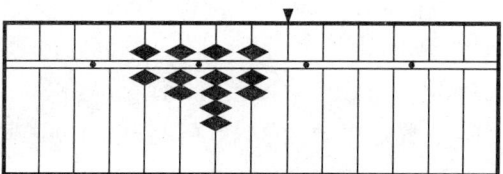

⑤加上 615 284，及时归还十万位上虚借的 1，得 583 254。

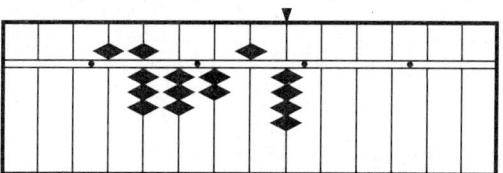

进行倒减法运算时，一定要记住虚借 1 的档位。其运算要点是：不足前档虚借 1，随借随还，借大还小，还清得正，未还得负。

计算技术

◀ 基本训练三 ▶

计算下列各题:

(1)　　　　　5 763.75
　　　　　　　-376.92
　　　　　　54 901.38
　　　　　-791 035.84
　　　　　　　-48.63
　　　　　1 672 490.58
　　　　　＿＿＿＿＿＿＿

(2)　　　　　8 623.21
　　　　　　-72 516.08
　　　　　　　-789.70
　　　　　541 932.67
　　　　　　　-90.86
　　　　　2 354 178.90
　　　　　＿＿＿＿＿＿＿

(3)　　　　65 178.49
　　　　　　-5 730.92
　　　　　　　681.53
　　　　　-3 276 954.10
　　　　　　　-36.84
　　　　　697 215.38
　　　　　＿＿＿＿＿＿＿

(4)　　　　　287.95
　　　　　　-53 761.42
　　　　　168 652.39
　　　　　　　-37.84
　　　　　-2 681 394.07
　　　　　4 128.56
　　　　　＿＿＿＿＿＿＿

(5)　　　　　716.35
　　　　　　6 573.10
　　　　　-78 654.29
　　　　　-651 237.40
　　　　　　　-65.78
　　　　　2 897 341.56
　　　　　＿＿＿＿＿＿＿

(6)　　　　79 563.15
　　　　　　-6 934.21
　　　　　-567 249.84
　　　　　　　75.96
　　　　　-1 638 752.49
　　　　　801.52
　　　　　＿＿＿＿＿＿＿

(7) 2 876.59+427 863.52-80 425.67+82.74-4 809 258.12-313.08＝

(8) 62 893.74+784.95-428 639.71-9 472.58-31.84+5 627 483.19＝

(9) 827.46-7 684.21-89 762.53-762 348.15+76.42+1 908 427.65＝

(10) 4 384.59-56 708.64+76.82-3 072 495.18-962.41+684 231.59＝

◀ 本章小结 ▶

● 简捷加减法是以基本加减法为基础，通过采用合理的运算方式，简化运算过程，减少拨珠次数来提高运算的速度和准确率。

● 补数加减法是指在加减运算中，当某数接近 10^n（n 为自然数）时，可运用补数原理进行简化运算。加法运算方法是加补（10^n）减凑（补数），减法运算方法是减补加凑。

● 并行加减法就是把几个加数或减数的同位数用心算将两行、三行或多行进行并算后的和（或差）一次拨入算盘。这种运算方法提高了心算能力，成倍地减少了拨珠次数，大大地提高了运算速度和准确率。

● 倒减法是指在加减法或加减混合运算中，往往会遇到减数大于被减数的情况，为了不改变运算顺序，可以利用虚借 1 的方法，加大被减数，然后继续运算，求出结果。

● 倒减法的运算方法。当不够减时，就在比减数大一位的档上虚借 1，减去减数。虚借 1 的档上由于直加或进位所得一旦出现数字时，必须及时归还虚借的 1，即随借随还。如果计算结果已归还了虚借的 1，算盘上的数就是该算题的答案，是正值；如果计算结果不够归还虚借的 1，则算盘上的数不是该算题的答案，它的补加数（负值）才是该算题的答案。

● 两次不够减，如第一次虚借的 1 已归还，又遇上不够减时，处理方法同第一次。

● 如第一次虚借的 1 没有归还，又遇上不够减，就要再虚借 1。第二次虚借 1 不能从原先虚借 1 的同档上或低档上虚借，而必须在第一次虚借 1 的前档上虚借，同时要及时归还第一次虚借的 1，即"借大还小"，然后继续运算。答案也存在两种情况。

● 进行倒减法运算时，一要准确记住虚借 1 的档位；二要掌握它的原则，即不足前档虚借 1，随借随还，借大还小，还清得正，未还得负。

第8章

简捷乘法

学习目标

知识目标：通过本章学习，应能够掌握简捷乘法的基本原理和运算方法。

技能目标：熟练进行简捷乘法的运算，提高珠算乘法的运用水平和能力。

简捷乘法是在基本乘法的基础上，依据被乘数和乘数的结构特点来选择运算技巧的一种快捷计算方法。正确选用简捷乘法，能够大大减少拨珠次数，提高运算速度和准确率。乘法的简捷算法很多，下面简要介绍几种常用算法。

8.1　省乘法

省乘法，也叫省略乘法。在日常工作中，遇到多位小数乘法时，有时只要求精确到小数点后两位，以下便可四舍五入。这种求近似值的方法，省去了不必要的计算步骤，提高了运算效率，因此叫省乘法。

省乘法运算的步骤和方法如下：

①先用截取公式对被乘数、乘数进行位码截取，以确定运算的数位。

截取公式为"运算位码＝m+n+精确度+保险系数 1 位"，截止档下位的有效数字按四舍五入处理。运用截取公式必须结合固定个位档定位方法。

②在算盘上先确定个位档。

③用"m+n"求出新的"被乘数"的位数（用空盘乘法时运用此公式找出标准首位档），在个位档后面留出精确度，再加 1 位保险系数，作为截止档，截止档的右一档作为压尾档。

④用基本乘法运算，运算时一律算到截止档为止，落在压尾档上的数字凡满 5，即在截止档再加 1，4 及以下数字舍去不计。

⑤最后得出积数，再按精确度要求求答数。

［例 8-1］用破头后乘法计算：

2.14873×7.34657＝15.79（精确到 0.01）

运算步骤：

①先用截取公式求出运算位码，（m）1+（n）1+（精确度）2+（保险系数）1＝5，故被乘数取 5 位为 2.1487（四舍），乘数取 5 位为 7.3466（五入）。按固定个位档拨置被乘数 2（m+n）位，个位右边留出精确度，再加 1 位保险系数，即个位档后的右三档为截止档。运算时默记乘数。

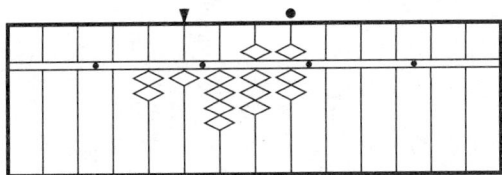

②用破头后乘法，拿 7 乘以乘数首位 7 等于 49，本档为 4，截止档后一档为 9，满 5 即在截止档再加 1 为 5。7×3 466＝24 262，2 不足 5 即舍去不计。

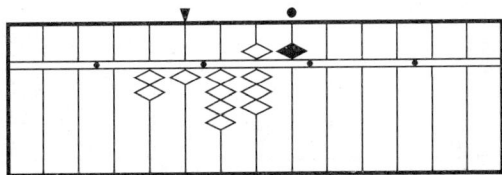

③用被乘数倒数第二位 8 乘以乘数首位 7 等于 56，8 再乘以 3 等于 24，本档为 2，截止档后一档为 4，不满 5 舍去。8×466＝3 728，3 不足 5 舍去不计。

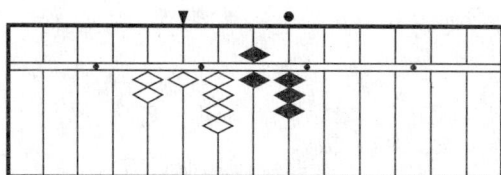

④用被乘数倒数第三位 4 乘以乘数首位 7 等于 28，4 再乘以 3 等于 12，4 再乘以 4 等于 16，本档为 1，截止档后一档为 6，满 5 在截止档再加 1。4×66＝264，2 不满 5 舍去。

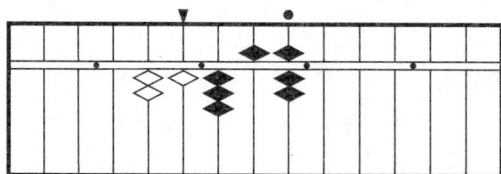

⑤用被乘数倒数第四位 1 乘以乘数 73 466，截止档后一档为 6，满 5 在截止档加 1，最末位 6 就不用乘，舍去不计。

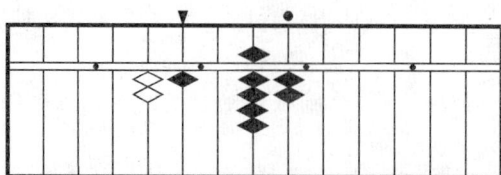

⑥用被乘数首位 2 去乘 73 466 得 146 932，截止档右一档为 2，不满 5 舍去。

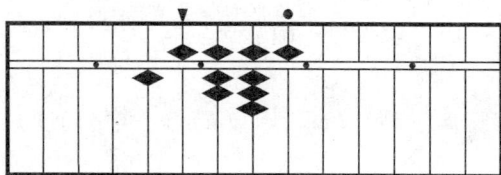

⑦根据精确度要求得积 15.79。

用空盘乘法需记住标准首位档，然后进行运算就可以了。

［例 8-2］用空盘前乘法计算：

2.8374×0.64726＝1.84 （精确到 0.01）

运算步骤：

①先用截取公式求出运算的位码，（m）1＋（n）0＋（精确度）2＋（保险系数）1＝4，则被乘数为 2.837（四舍），乘数为 0.6473（五入）。按固定个位档找出标准档，（m）1＋（n）0＝1，即个位档本身，再确定截止档为个位档后的第三档（精确度 2 位，再加 1 位保险系数）。

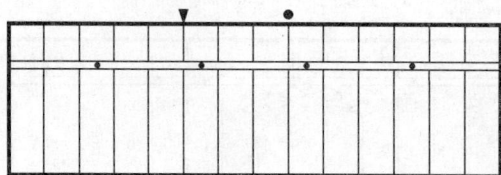

②用被乘数的首位 2 去乘 6 473 得 12 946，截止档后一档为 6，满 5 进 1。

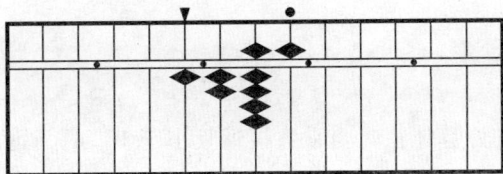

③用被乘数的第二位 8 去乘 6 473，8×7 = 56，截止档后一档为 6，满 5 进 1，8×3 = 24，截止档后一档为 2，不满 5 舍去。

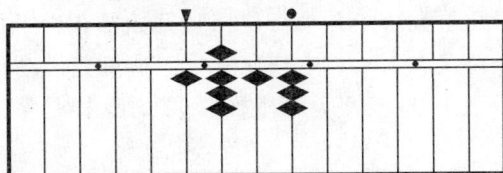

④用被乘数的第三位 3 去乘 647，3×4 = 12，截止档后一档为 2，不满 5 舍去，3×7 = 21，截止档后一档为 2，不满 5 也舍去。

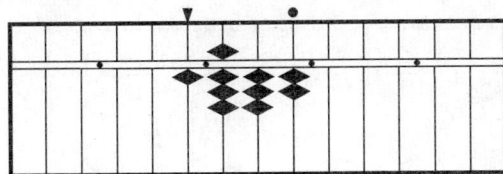

⑤用被乘数的第四位 7 去乘 64，7×6 = 42，截止档后一档为 2，不满 5 舍去，7×4 = 28，截止档后一档为 2，不满 5 也要舍去。

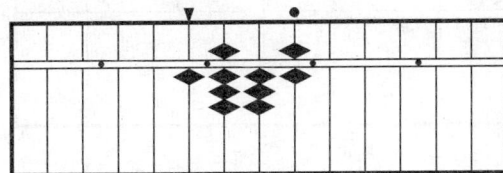

⑥根据精确度要求得积 1.84。

◆ **基本训练一** ▶

用省乘法计算下列各题（要求保留两位小数）：

（1）35.4629×2.8147 =

（2）41.0387×6.3024 =

（3）0.063854×729.65 =

（4）603.7182×3.1756 =

（5）25.0673×4.3976 =

（6）82.4618×3.2095 =

（7）48.35296×4.1728 =

（8）750.9126×4.1728 =

（9）964.072×0.83219 =

（10）0.57382×43.8207 =

（11）4.7285×1.6378 =

（12）0.69439×5.24378 =

（13）7.59389×0.41283 =

（14）1.24375×9.04257 =

（15）52.3497×0.0639275 =

（16）6.93284×0.78943 =

（17）3.86294×0.25917 =

（18）85.07629×0.047962 =

（19）926.4817×0.005678 =　　　　　　（20）0.479185×62.7413 =

8.2　补数乘法

补数运算已成为一种计算体系。当乘数接近且小于10^n时，可运用补数原理进行乘法运算。现介绍其中的一种方法——凑齐法。

所谓凑齐法是指两因数相乘，有一个数接近于10^n时，可以利用补数关系，以减代乘，简化运算过程。具体的减积方法是：本位是第几位上的补数，它与被乘数首位相乘积的十位数就从被乘数的第几位数（第几个十位档）开始减积，个位数在右一档，下次减积的十位数即在此档，个位又在右一档，依此类推。这里我们在计算时作一个约定，即98的补数为02，998的补数为002，997的补数为003，这样是第几位上的补数就一目了然了。

［例8-3］825×97＝80 025

①乘数97接近100，补数为03，3是第二位上的补数。先在算盘左框第一档起拨被乘数825。

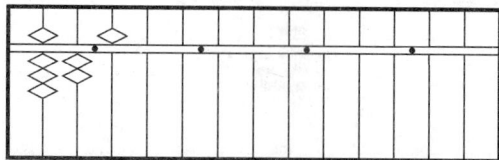

②从被乘数第二位（即左框第二档）开始，减8×3＝24，得801。

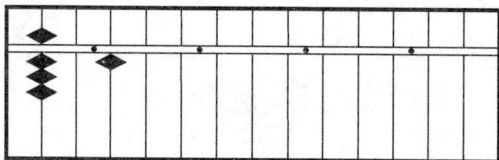

③从第三档开始减2×3＝06，个位在右一档，即在第四档减6，得8 004。

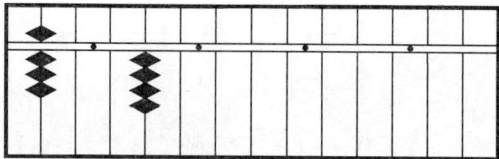

④从第四档开始减5×3＝15，得80 025。

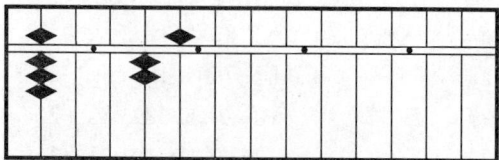

⑤根据盘上公式定位法（或公式定位法）得积80 025。

［例8-4］825×997＝822 525

①乘数997接近1 000，补数为003，是第三位上的补数。先从左框第一档起拨被乘

数 825。

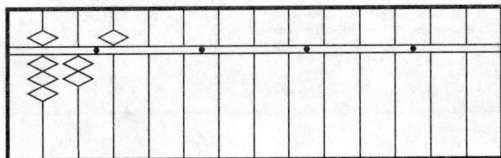

②从第三档开始减 8×3＝24，得 8 226。

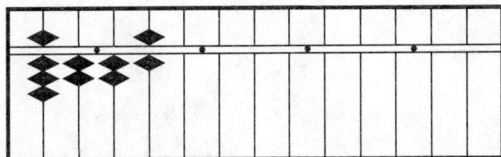

③从第四档开始减 2×3＝06，个位在右一档，即在第五档减 6，得 82 254。

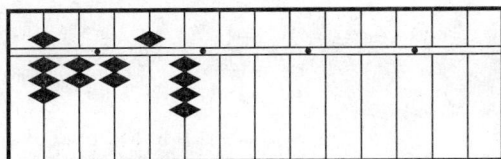

④从第五档开始减 5×3＝15，得 822 525。

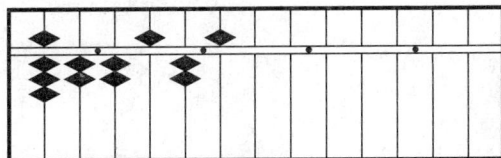

⑤根据公式定位法得积 822 525。

［例 8-5］ 394×987＝388 878

①乘数 987 接近 1 000，补数为 013，1 是第二位上的补数，3 是第三位上的补数。先从左框第一档起拨被乘数 394。

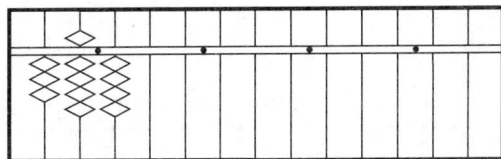

②从第二档开始减 394×1＝394，个位在右一档，即从第三档开始减 394，得 39 006。

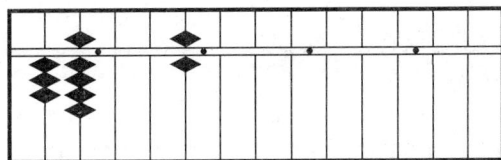

③再从第三档开始减 3×3＝09，个位在右一档，即第四档减 9，得 38 916；依次递位减 9×3＝27，得 38 889，4×3＝12，得 388 878。

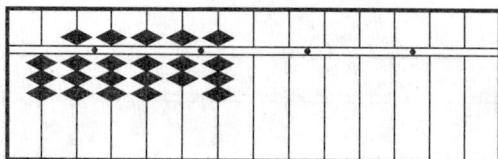

④根据盘上公式定位法（或公式定位法）得积 388 878。

◀ **基本训练二** ▶

用补数乘法计算下列各题（要求保留两位小数）：

（1）759×94 =
（2）647×998 =
（3）589×997 =
（4）346×99. 89 =
（5）428×996 =
（6）6 249×89. 98 =
（7）3 746×989. 7 =
（8）2 639×99. 79 =
（9）85. 49×89. 89 =
（10）156. 4×969. 6 =
（11）4 805×969 =
（12）2 049×897 =
（13）3 218×978 =
（14）5 037×89. 96 =
（15）7 429×98. 69 =
（16）1 305×969. 6 =
（17）2 814×9. 798 =
（18）5 187×899. 5 =
（19）6 429×99. 59 =
（20）3 906×98. 79 =

8.3 随乘法

随乘法又叫跟踪乘法或移积乘法，它是指在运算时可不按空盘前乘法中规定的运算次序和步骤来进行计算，而是依据题目的特点灵活掌握，常见的有下列两种情形：

①在两因数（被乘数、乘数）内部，遇有相同的数字，可先乘之积，然后依据对应档位加相同之积。

②在两因数内部，若相邻两数之和为"9"，可先乘之积，然后右移一档减相同之积（如 36＝40-4，72＝80-8）。

［例 8-6］ 6 242×674 = 4 207 108

①本例被乘数中出现相同数"2"，这样可先用第二位上的"2"乘以 674，积为 1 348。

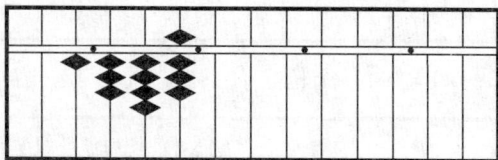

②再直接用被乘数第四位上的"2"乘以 674，得 1 348，移积相加，只是注意应将积从对应第四档叠加，积为 136 148。

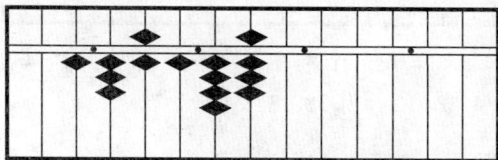

③再拿被乘数的首位数 6 乘以 674，得 4 044。积为 4 180 148。

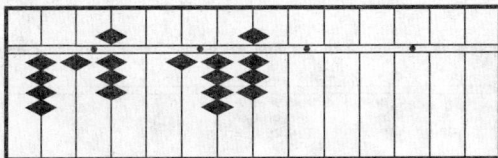

④最后用被乘数的第三位 4 乘以 674，得 2 696。积为 4 207 108。

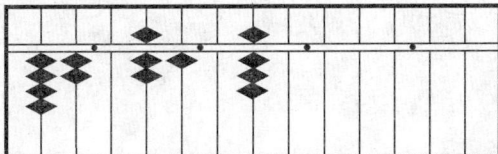

⑤根据公式定位法得积为 4 207 108。

［例 8-7］　72×3 215 = 231 480

①本例被乘数"72"，它的相邻两数（即个位数字和十位数字）之和为"9"（7+2 = 9），又"72 = 80-8"，先拿 80×3 215 = 257 200。

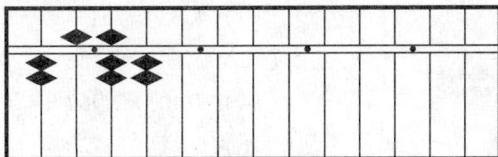

②再右移一档减去 8×3 215 = 25 720，得 231 480。

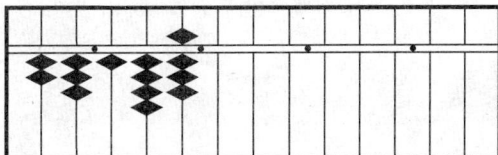

③根据公式定位法"m+n"= 6，得积为 231 480。

［例 8-8］　4 036×268 = 1 081 648

①本例被乘数中的相邻两数"36"之和为"9"（3+6 = 9），又"36 = 40-4"，先拿被乘数第三位（十位数）4×268 = 1 072。

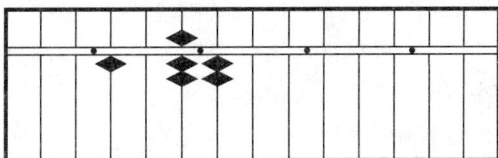

②再右移一档，用被乘数第四位上的 4×268 = 1 072，实际上右移一档减去 1 072 即可，得 9 648。

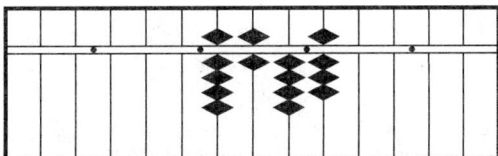

③再用被乘数首位数 4×268，实际上在左框第一档起（本位档）加 1 072 即完成运算，得 1 081 648。

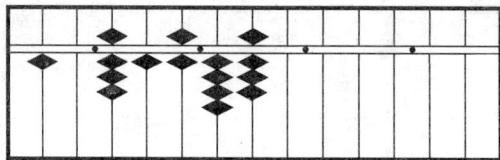

④根据盘上公式定位法得积为 1 081 648。

◀基本训练三▶

用随乘法计算下列各题：

（1）546×2 846 ＝　　　　　　　　　　（2）3 604×751 ＝

（3）3 474×258 ＝　　　　　　　　　　（4）6 069×593 ＝

（5）7 208×374 ＝　　　　　　　　　　（6）5 662×817 ＝

（7）537×6 542 ＝　　　　　　　　　　（8）1 824×256 ＝

（9）7 574×837 ＝　　　　　　　　　　（10）4 634×751 ＝

（11）4 738×7 437 ＝　　　　　　　　（12）2 647×8 168 ＝

（13）5 019×4 984 ＝　　　　　　　　（14）7 403×2 982 ＝

（15）8 547×6 946 ＝　　　　　　　　（16）6 714×8 428 ＝

（17）3 257×9 644 ＝　　　　　　　　（18）4 809×7 875 ＝

（19）6 374×3 819 ＝　　　　　　　　（20）8 549×40 337 ＝

8.4　一口清乘法

要掌握"一口清"速算方法，首先要掌握速算中的几个概念，以及有关运算程序和法则。

1）速算中的几个概念

（1）本位及假小数

快速计算法和传统乘法一样，都是一位一位地处理被乘数的每位数字，传统乘法在用九九口诀时是把这位数当作个位来看待，速算中也是如此。我们把乘数中正在运算的那个数位叫作"本位"。从本位右一位开始直至末尾一位所表示的那串数，叫做"假小数"。例如，在计算 42 317×6 的过程中，当 6×4 时，4 是本位，它后面的 2 317 就是假小数。

（2）本个、后进和本位积

本位被乘以后，我们只取积的个位数，本位乘积的个位数叫做"本个"。假小数被乘以后要进位的数叫做"后进"。由于本个和后进是同位数，我们把本个加后进只取和的个位的那位数称作"本位积"。例如，42 317×6，以 4 为本位时，乘积在这位的本个是 4，后进是 1，本位积是 5。

（3）补数

这里所说的补数是指 10 以内的 5 对数，即 1 和 9，2 和 8，3 和 7，4 和 6，5 和 5。

（4）偶同数

小于 10 的两个数同乘以一个偶数时，如果所得乘积的个位数字相同，就说这两个数是"偶同数"，或者说它们互为"偶同"。偶同数共有 5 对，即 0 和 5，1 和 6，2 和 7，3 和 8，4 和 9，构成偶同数的基本条件是两数相差为 5。

这 5 对偶同数必须牢牢记熟，要不假思索就能说出任何数的偶同数。

（5）自倍

"自倍"是指 10 以内的数自身加倍。0、1、2、3、4 的自倍分别是 0、2、4、6、8，而 5 以上数字的自倍只取个位（或偶同自倍），这就是说 5、6、7、8、9 的自倍分别是 0、1、2、3、4 的自倍，即依次为 0、2、4、6、8，见表 8-1。注意熟记。

表 8-1

偶同数	0, 5	1, 6	2, 7	3, 8	4, 9
自倍数	0	2	4	6	8

2）一位数乘法运算程序和法则

一位数乘多位数的乘法运算分三个层次：

①首先被乘数的数前补"0"。这项措施不影响乘积的数值，但使乘积的位数和被乘数的位数保持一一对应。如果乘积的位数发生错误，很容易就能看出来。这样修改被乘数之后，才可以说，乘积的任何一位都等于这位上的本个加后进，只取和的个位数。

②从高位算起，即是从最左补的那个"0"开始按"本位积＝本个＋后进，只取和的个位"的原则逐位求出本位积。

"本个＋后进"可能出现满 10 的数，这时只取和的个位数，弃掉 10，即"超 10 不进"法则。

③"本个＋后进"实际上是两个一位数的和，肯定小于 20。"本个＋后进"就是 20 以内的加法运算，越熟练，运算速度就越快。

3）个位律和进位律表

（1）个位律表

表 8-2 列出了个位律表。

表 8-2

个位数＼被乘数　乘数	1	2	3	4	5	6	7	8	9
2	2	4	6	8	0	2	4	6	8
3	3	6	9	2	5	8	1	4	7
4	4	8	2	6	0	4	8	2	6
5	5	0	5	0	5	0	5	0	5
6	6	2	8	4	0	6	2	8	4
7	7	4	1	8	5	2	9	6	3
8	8	6	4	2	0	8	6	4	2
9	9	8	7	6	5	4	3	2	1

从表 8-2 中可以归纳出个位规律：

①乘数是 2，将被乘数加倍求个位。归纳口诀为"2 乘加自身"。

②乘数是 3，当被乘数是偶数时，将被乘数求补数后再加倍，如 4×3，即 4 的补数是 6 加倍后为 2；当被乘数是奇数时，其个位积由乘法口诀求得，熟练后最好不要用口诀。

　　③乘数是 4，当被乘数是偶数时，则求被乘数补数，如 8×4，即 8 的补数是 2；当被乘数是奇数时，求被乘数的凑数，如 7×4，即 7 的凑数是 8。因此乘数是 4 时，即为"偶补数，奇凑数"。

　　④乘数是 5，当被乘数是偶数时，得 0；当被乘数是奇数时，得 5。例如，6×5 个位是 0，3×5 个位是 5。

　　⑤乘数是 6，当被乘数是偶数时，为其自身数，如 4×6 个位是 4；当被乘数是奇数时，则为自身数再加 5，如 3×6 个位是 8。因此乘数是 6 时，即为"偶自身，奇加 5"。

　　⑥乘数是 7，当被乘数是偶数时，即自身再加倍，如 8×7 个位是 6；当被乘数是奇数时，即自身加倍后再加 5，如 3×7 个位是 1。归纳为"偶加自身，奇加自身再加 5"。

　　⑦乘数是 8，被乘数不分偶数、奇数，个位一律为被乘数的补数再加倍。例如，6×8 个位是 8，3×8 个位是 4。

　　⑧乘数是 9，个位即被乘数的补数。例如，4×9 个位是 6，3×9 个位是 7。

　　（2）进位律表

　　表 8-3 列出了进位律表。

表 8-3

乘数	进位值1	进位值2	进位值3	进位值4	进位值5	进位值6	进位值7	进位值8
2	5							
3	3̇	6̇						
4	25	5	75					
5	2	4	6	8				
6	1̇6	3̇	5	6̇	8̇3			
7	1̇4285̇7	2̇8571̇4	4̇2857̇1	5̇7142̇8	7̇1428̇5	8̇5714̇2		
8	125	25	375	5	625	75	875	
9	1̇	2̇	3̇	4̇	5̇	6̇	7̇	8̇
乘数 进位界 / 进位值	1	2	3	4	5	6	7	8

　　说明：（a）如果只在一个数字的上端有圆点"·"，则是指超过循环几的意思。例如，3̇ 是指超过 3 的循环数。（b）如果在两个数字的上端有圆点"·"，则是指超过这个循环数。例如，1̇42857̇ 是指超过 142857 循环数的意思（如 142858，14286，1429，143，15 等）。

　　从表中可以归纳出进位规律：

　　①乘数是 2 时，"满 5 进 1"。

　　②乘数是 3 时，"超 3̇ 进 1，超 6̇ 进 2"。

　　③乘数是 4 时，"满 25 进 1，满 5 进 2，满 75 进 3"。

　　④乘数是 5 时，"满 2 进 1，满 4 进 2，满 6 进 3，满 8 进 4"。

　　⑤乘数是 6 时，"超 1̇6 进 1，超 3̇ 进 2，满 5 进 3，超 6̇ 进 4，超 8̇3 进 5"。

　　⑥乘数是 7 时，"超 1̇4285̇7 进 1，超 2̇8571̇4 进 2，超 4̇2857̇1 进 3，超 5̇7142̇8 进 4，超 7̇1428̇5 进 5，超 8̇5714̇2 进 6"。

⑦乘数是 8 时，"满 125 进 1，满 25 进 2，满 375 进 3，满 5 进 4，满 625 进 5，满 75 进 6，满 875 进 7"。

⑧乘数是 9 时，超几的循环数进几，即"超几进几"。

熟悉了乘数的本个规律和进位规律后，应逐个乘数进行大量的练习，并逐步做到以下几点：

①求本个既不能使用九九口诀表计算，也不能使用所讲述的个位律一步步地来计算。这里的规律只是帮助初学者记忆。熟练后达到眼睛一看数字，头脑中不用任何运算过程就能立即闪现出它的本个数字。对于初学者首先要树立信心，其次要经过反复练习方能达到这种熟练程度。

②求后进也不要用进位律的口诀来确定。进位律的口诀只是帮助我们进行速算的方法。我们必须通过反复练习，达到眼睛一看到假小数，脑中就立即反映出后进数字来，不要有任何的计算过程。

③"本个+后进"是一位数加法，要提高脑算能力，只有这样才能加快运算速度。

④学习时，对于每一个乘数的运算规律，要学一个，练一个，掌握一个。切不可等学完了个位律和进位律再一起练习。

4）运算方法

（1）乘数是 2

［例 8-9］ 5 678×2 = 11 356

运算步骤：

在计算过程中，将被乘数看作 05 678。

①本个 0，假小数为 5 678，后进 1，本位积为 1。

②本个 0，假小数为 678，后进 1，本位积为 1。

③本个 2，假小数为 78，后进 1，本位积为 3。

④本个 4，假小数为 8，后进 1，本位积为 5。

⑤本个 6，无后进（即末位），本位积为 6。

列式如下：

```
        0 5 6 7 8
      ×         2
      ─────────────
        1 1 3 5 6      从高位算起

              ➤ 0×2本个0，后位5满5进1，得1
              ➤ 5×2本个0，后位6满5进1，得1
              ➤ 6×2本个2，后位7满5进1，得3
              ➤ 7×2本个4，后位8满5进1，得5
              ➤ 8×2本个6，无后进，得6
```

根据公式定位法得积 11 356。

（2）乘数是 3

［例 8-10］ 75 346×3 = 226 038

运算步骤：

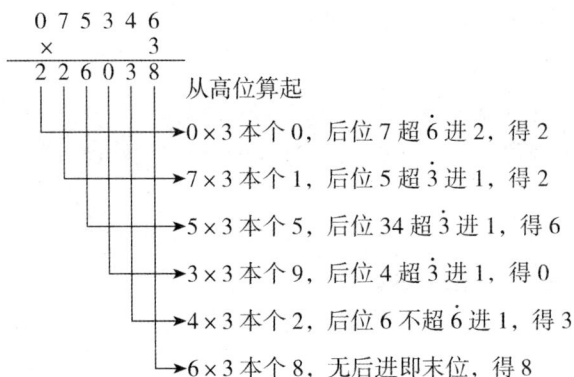

"本位积＝本个＋后进"，只取个位，满 10 弃 10，超 10 不进。此例 "3" 为本位时，本个为 9，后进 1，本位积为 0，而不是 10。

（3）乘数是 4

［例 8-11］ 8 325×4＝33 300

运算步骤：

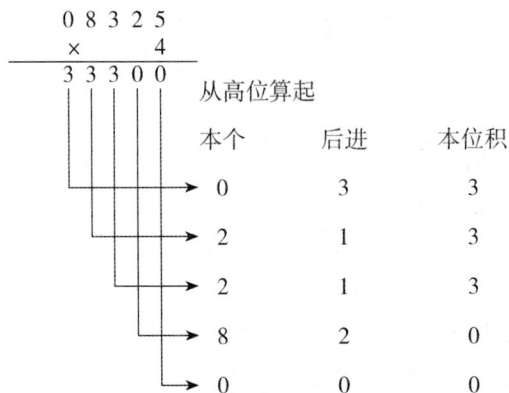

（4）乘数是 5

［例 8-12］ 3 257×5＝16 285

运算步骤：

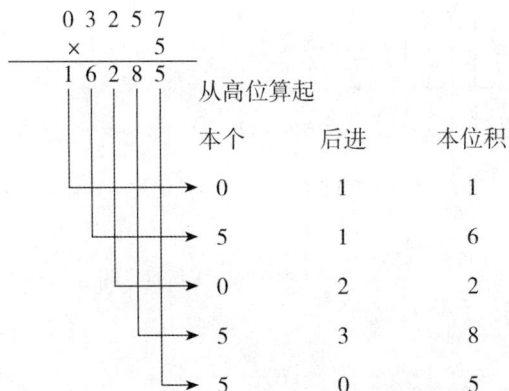

（5）乘数是 6

经过反复练习，已掌握了 "一口清" 的运算方法，应用本个、后进同步算出本位积，进而真正达到"一口清"。

[例 8-13] 8 356×6 = 50 136

运算步骤：

$$
\begin{array}{r}
0\ 8\ 3\ 5\ 6 \\
\times\qquad\quad 6 \\
\hline
本个\ 0\ 8\ 8\ 0\ 6 \\
后进\ 5\ 2\ 3\ 3\ 0 \\
\hline
本位积\ 5\ 0\ 1\ 3\ 6
\end{array}
$$

（6）乘数是 7

乘数为 7 的进位规律如下：

$1/7 = 0.\overset{\bullet}{1}4285\overset{\bullet}{7}$ 这是一个以"142857"为循环节的循环数。

$2/7 = 0.\overset{\bullet}{2}8571\overset{\bullet}{4}$ 这是一个以"285714"为循环节的循环数。

$3/7 = 0.\overset{\bullet}{4}2857\overset{\bullet}{1}$ 这是一个以"428571"为循环节的循环数。

$4/7 = 0.\overset{\bullet}{5}7142\overset{\bullet}{8}$ 这是一个以"571428"为循环节的循环数。

$5/7 = 0.\overset{\bullet}{7}1428\overset{\bullet}{5}$ 这是一个以"714285"为循环节的循环数。

$6/7 = 0.\overset{\bullet}{8}5714\overset{\bullet}{2}$ 这是一个以"857142"为循环节的循环数。

乘数为 7 时，它的最大进位是 6，依次各进位分界点如下：

$1/7 = 0.1\overset{\bullet}{4}285\overset{\bullet}{7}$

$2/7 = 0.2\overset{\bullet}{8}571\overset{\bullet}{4}$

$3/7 = 0.4\overset{\bullet}{2}857\overset{\bullet}{1}$

$4/7 = 0.5\overset{\bullet}{7}142\overset{\bullet}{8}$

$5/7 = 0.7\overset{\bullet}{1}428\overset{\bullet}{5}$

$6/7 = 0.8\overset{\bullet}{5}714\overset{\bullet}{2}$

由此得出进位规律（见进位律表）。以上进位规律从表面上看，确实非常难记，但是分析一下就不难看出其中的规律。

我们把 142857 这六个各不相同的数字排列开，其实其中只缺 3、6、9 三个数字，当假小数首位是 3、6、9 时，必进 2、4、6。这样我们再看循环节的首位数字就比较容易判断了。

以 1 为循环节首位的数是：

$0.\overset{\bullet}{1}4285\overset{\bullet}{7} = 1/7$

以 2 为循环节首位的数是：

$0.\overset{\bullet}{2}85714 = 2/7$

以 4 为循环节首位的数是：

$0.\overset{\bullet}{4}2857\overset{\bullet}{1} = 3/7$

以 5 为循环节首位的数是：

$0.\overset{\bullet}{5}7142\overset{\bullet}{8} = 4/7$

以 7 为循环节首位的数是：

$0.\overset{\bullet}{7}1428\overset{\bullet}{5} = 5/7$

以 8 为循环节首位的数是：

$0.\overset{\bullet}{8}5714\overset{\bullet}{2} = 6/7$

经过上述分析，我们就可以牢牢熟记了。

［例 8-14］ 4 286×7 = 30 002

运算步骤：

```
        0 4 2 8 6
      ×         7
        3 0 0 0 2      高位算起

          ──→ 0×7 本个 0，后位 4 286>4 285 进 3，得 3
          ──→ 4×7 本个 8，后位 286>285 进 2，得 0
          ──→ 2×7 本个 4，后位 86>85 进 6，得 0
          ──→ 8×7 本个 6，后位 6 进 4，得 0
          ──→ 6×7 本个 2，无后进，得 2
```

（7）乘数为 8

［例 8-15］ 102 584×8 = 820 672

运算步骤：

```
              0 1 0 2 5 8 4
            ×             8
            ─────────────────
     本个 0 8 0 6 0 4 2   高位算起
     后进 0 0 2 4 6 3 0
     ─────────────────
   本位积 0 8 2 0 6 7 2
```

（注：在求本位积时，满 10 弃 10，超 10 不进，只取个位）

（8）乘数为 9

［例 8-16］ 973 845×9 = 8 764 605

运算步骤：

```
              0 9 7 3 8 4 5
            ×             9
            ─────────────────
     本个 0 1 3 7 2 6 5   高位算起
     后进 8 6 3 7 4 4 0
     ─────────────────
   本位积 8 7 6 4 6 0 5
```

5）多位数一口清乘法

多位数一口清乘法，实际上是一位数一口清乘法的具体运用。只要我们掌握了一位数一口清，然后将多位数转变成若干个一位数的乘法，根据空盘乘法加积档次的规律，递位叠加之积就可以得到全积。

定位时按盘上公式定位法（或公式定位法）和固定个位档定位法皆可。

[例 8-17] 3 474×6 283 = 21 827 142

运算步骤：

①采用盘上公式定位法。从算盘左框第一档开始运算。本例被乘数中有两个"4"，可运用随乘法，先用第二位上 4 去乘 06 283 得 25 132。

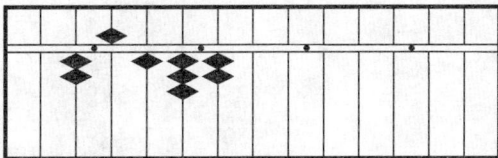

②再用第四位上的 4 去乘 06 283，递位叠加在第四档为十位档（本档），得积为 2 538 332。

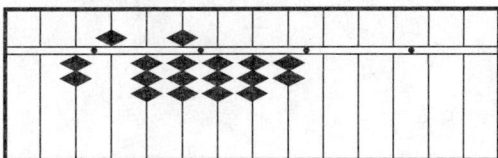

③用被乘数首位 3 去乘 06 283 得 18 849，从左框第一档（本位档）始加 18 849，得积为 21 387 332。

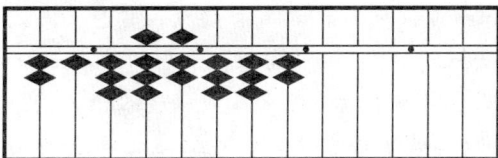

④用被乘数第三位 7 乘以 06 283 得 43 981，从左框第三档始加 43 981，得积 21 827 142。

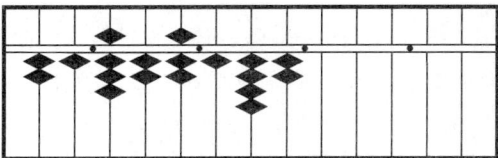

⑤根据盘上公式定位法"m+n"，得全积为 21 827 142。

◀ **基本训练四** ▶

用一口清乘法计算下列各题：

(1) 35 746×2 =

(2) 76 184×2 =

(3) 49 376×2 =

(4) 56 387×3 =

（5）64 938×3＝　　　　　　　　（6）37 429×3＝

（7）95 831×4＝　　　　　　　　（8）46 985×4＝

（9）63 817×4＝　　　　　　　　（10）78 536×5＝

（11）48 637×5＝　　　　　　　（12）71 529×5＝

（13）63 857×6＝　　　　　　　（14）58 471×6＝

（15）34 629×6＝　　　　　　　（16）87 516×6＝

（17）16 734×6＝　　　　　　　（18）83 594×7＝

（19）10 426×7＝　　　　　　　（20）28 043×7＝

（21）43 817×7＝　　　　　　　（22）57 184×7＝

（23）61 547×8＝　　　　　　　（24）26 719×8＝

（25）84 137×8＝　　　　　　　（26）29 483×8＝

（27）38 607×9＝　　　　　　　（28）81 675×9＝

（29）41 592×9＝　　　　　　　（30）63 784×9＝

（31）23 667×9＝　　　　　　　（32）38 366×9＝

（33）25 888×8＝　　　　　　　（34）16 678×8＝

（35）36 876×7＝　　　　　　　（36）58 776×7＝

◀ 本章小结 ▶

● 简捷乘法以基本乘法为基础，它根据实际工作中小数乘法计算所要求的精确率，省略一些不必要的运算，以提高运算效率。

● 省乘法的运算方法及步骤：①在算盘上定好个位档。②在要求保留的小数位数后多加1位作为截止档，将截止档的右一档作为压尾档，并可作压尾档的标记。③用空盘前乘法进行乘法运算，乘积的首位应从第 m+n 档起拨入算盘，乘积只加到压尾档前一档止，应加在压尾档上的积数四舍五入。④运算完毕，乘积的最后一位四舍五入。

● 省乘法的实质就是把计算截止在不影响精确度的档次。

● 补数乘法是指将两因数中接近于 10^n 的数通过凑整作为乘数，乘以被乘数，再减去被乘数与乘数补数的积，以简化运算步骤，减少拨珠次数，加快计算速度。

● 减积档次：乘数是第几位的补数，它与被乘数最高位相乘之积的十位数就应从标准首位档第几档减起。

● 随乘法也叫跟踪乘法，指在多位数乘法的运算中，被乘数中有两个或两个以上数字相同时，这几个数字同乘数相乘的结果是一样的，不必分别相乘，只要跟踪将积数加在相应的档上即可。

● 一口清乘法在计算时能一次直接读出一位数乘多位数的积，或多位数除多位数的一位商。它是根据数字之间的内在联系，采用"提前进位，本个加后进"的方法（特别要注意进位积的练习）来获得运算的简捷性的。掌握了一位数乘多位数乘法的一口清之后，多位数乘法就变成了多位数的加法。另外，还要注意每个一口清乘法的入盘档次。

第 9 章

简捷除法

学习目标

知识目标：通过本章学习，应能够掌握简捷除法
　　　　　的基本原理和运算方法。

技能目标：熟练进行简捷除法的运算，提高珠算
　　　　　除法的运用水平和能力。

珠算的简捷算法是以基本算法为基础，根据数字的特点来选择适当的算法，采用心算和数学原理达到简化运算、提高效率、减少错误的计算方法。本章将介绍省除法、补数除法和一口清除法。

9.1 省除法

在多位数除法运算中，被除数和除数的位数往往很多，而商数只要求保留近似值，通常只需两位、三位至多四位有效数字参加运算就足够了，特别是计算利润率、费用率、商品流转计划完成的情况等指标时。因此，可以在计算前，截去除数和被除数的部分尾数，使位数减少，以达到简化运算的目的，并且在计算过程中，除数还要逐次截位，使运算更加简捷，这种除法就叫省除法。

例如，某商店×月营业额为 5 173 249.86 元，利润额为 328 947.15 元，求该月的利润率（精确到 0.01%）。

$$利润率 = \frac{328\ 947.15}{5\ 173\ 249.86} \times 100\% = 6.36\%$$

上例如用一般除法计算，可以看出，不仅计算量大，而且稍有不慎，就会因计算的数字太长而造成计算错误。同时，我们还可以看到影响商的绝对误差的主要是被除数和除数的前段而不是后段。因此，我们可以截去几位被除数和除数，以简化计算步骤，从而达到快速计算的目的。

省除法的具体运算步骤和方法如下：

①截位，用截取公式求出应有几位有效数字参加运算。

截取有效数字公式是：

有效数字位数＝被除数的位数（m）－除数的位数（n）+要求保留的小数位数+2（常数）

（注：被除数和除数截取的有效数字相同，截取尾数可以按四舍五入方法取舍；常数 2 是为了保证计算结果准确无误而多取的位数）

②定位，可采用固定个位档定位法，也可采用公式定位法等。

③置数，把已截取的被除数拨入算盘，并在末位档的右一档拨上下珠全部靠梁，作为压尾档标记。

④运算，用基本除法计算。计算中减积一律减到压尾档的前一档为止，应减在压尾档上的数字大于或等于 5，则在压尾档的前一档减去 1，如小于 5 则舍去。

⑤求商，商求到要求的精确度为止，即压尾档的前两档为余数，并目测进行商数的尾数处理。

⑥答案，看盘写答案。

［例 9-1］ 328 947.15÷5 173 249.86=6.36%（精确到 0.01%）

运算步骤：

用固定个位档定位法定位，不隔位商除法运算。

①用截取公式求出参加运算的位数：6-7+4+2=5（位）。按固定个位档"m-n"拨被除数 32 895 入盘，默记除数 51 732。尾数 5 后拨上下珠全部靠梁作为压尾档。

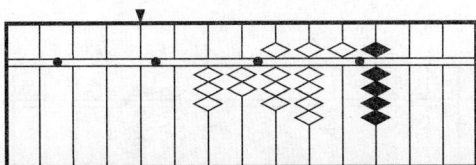

②用被除数和除数首位数相比，不够除本位商，即将首位数 3 改成商数 6，从商本位起减 6 乘以 51 732 的积，余数为 1 856。

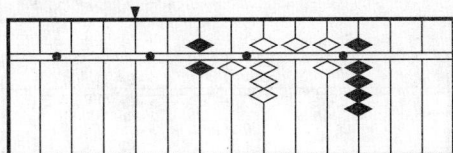

③用余数和除数首位数相比，不够除本位商，将余数首位 1 改成商数 3，从商本位起减 3 乘以 5 173 的积，余数为 304。

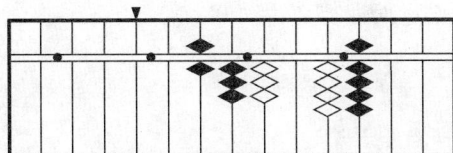

④用余数和除数首位数相比，不够除本位商，将余数首位 3 改成商数 5，从商本位起减 5 乘以 517 的积，余数为 45。

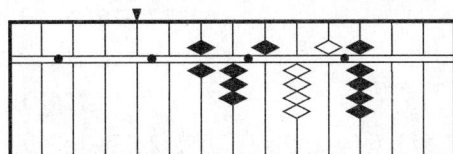

⑤截止档前两位数为 45，小于除数的最高二位数 51，不再计算下去。目测余数 45 加倍大于 51，故商的末位数应加 1。

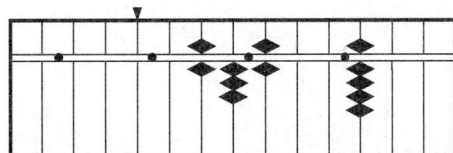

⑥按规定精确度 0.01% 书写答案，即为 6.36% 。

［例 9-2］986 745.32÷480 391.27＝2.05（保留两位小数）

运算步骤：

用固定个位档定位法定位，隔位商除法运算。

①用截取公式求出参加运算的位数：6-6+2+2=4（位）。按固定的个位档"m-n-1"拨被除数 9 867 入盘，默记除数 4 804，尾数 7 后拨上下珠全都靠梁作为压尾档。

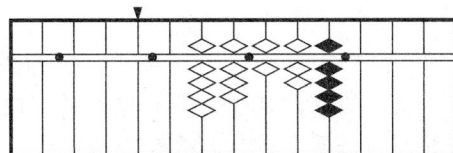

②用被除数和除数首位数相比，够除隔位商，即隔位置商数 2，从商的下一档起减 2

乘以 4 804 的积，余数为 259。

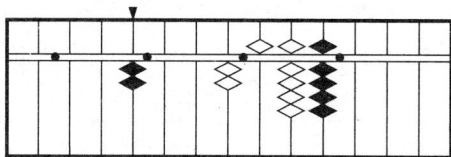

③用余数和除数首位数相比，不够除前位商，即前位置商数 5，从商的下一档起减 5 乘以 480 的积，余数为 19。

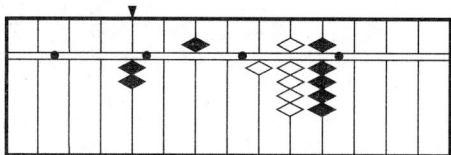

④截止档前两位数为 19，小于除数的最高二位数 48，不再计算下去。目测余数 19 加倍小于除数前两位 48，根据盘面即得商为 2.05。

◀ **基本训练一** ▶

计算下列各题（保留两位小数）：

(1) 48 205 913÷2 890 645 =
(2) 7 506 132÷568 423 =
(3) 40 289 356÷32 847 956 =
(4) 7 856 023÷12 397 856 =
(5) 58 439 061÷7 395 241 =
(6) 17 026 384÷3 286 714 =
(7) 9 601 382÷3 049 127 =
(8) 10 376 415÷8 362 941 =
(9) 8 367 015÷7 284 315 =
(10) 7 856 329÷10 743 856 =
(11) 958 436.27÷812 573.69 =
(12) 2 058 143.97÷9 752 368.14 =
(13) 658 713.29÷437 015.86 =
(14) 980 563.47÷523 694.78 =
(15) 2 196 038.72÷1 234 567.89 =
(16) 25 763 890.14÷40 135 678.92 =
(17) 593 241.67÷32 760.84 =
(18) 37 486.95÷107 423.86 =
(19) 103 428.65÷31 865.94 =
(20) 329 608.57÷5 487 310.92 =

9.2 补数除法

补数除法是除法的一个体系。当除数接近于 10 的 n 次方时，可以选用补数除法。其具体计算方法很多，这里只介绍"凑齐"补数简算法。

这种方法的计算特点是：把除数凑成一个齐数（10 的 n 次方）去除被除数，自左向右一档一档地除下去，每得一位商数，就在被除数中减去商与"凑齐"的除数的乘积，同时将除数中因"凑齐"而多减的补数加还到被除数的相应档位上去，使被除数中所减去的仍是商与除数的乘积。

这种方法一般用于除数的原数大，补数小，接近于整数的数值，如 98，94，997，986，9 995，9 898 等。"凑齐"的补数越小，其运算就越方便越迅速。

由于除数很接近 10^n，每一位商数显然与被除数极为接近，可以用被除数最高位作为试商，从被除数中减去试商与除数相乘的积，如 673 284÷997，用 6 作为试商，从被除数中减去 997 乘以 6 的积,而 997×6 也可以写成（1 000−3）×6,所以减去 997 乘以 6 的积,就等于减去 6 000,再加上 3 乘以 6 的积,即在运算上把被除数最高位 6 留在原档当作试商,它意味着已从被除数中减去了 6 000,所以,只要在相应档次上加上除数补数的 6 倍就可以了。

加积时,加积档次是:试商与除数第几位上的补数相乘,其乘积的个位数就加在试商的右几档上,十位在其左一档。加积后出现被除数的余数大于或等于原来的除数时,就应补商,补商时仍按不隔位商除法运算,即"够除挨位商",一位试商运算完毕后,余数小于原除数,试商即为所求商数。

[例 9−3] 91 852 436÷9 997＝9 188

运算步骤:

用固定个位档定位法定位,不隔位商除法运算。

①除数 9 997 凑齐后为 10 000,补数为 0 003 按"m−n"拨被除数 91 852 436 入盘,默记除数 9 997 的补数 0 003。

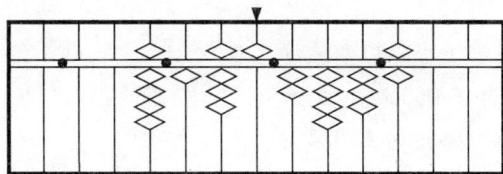

②用被除数首位数"9"作为第一位试商,即从商右档起加 9 乘以 0 003 的积 0 027,余数为 1 879 436,余数前四位 1 879 小于除数 9 997,试商成功。

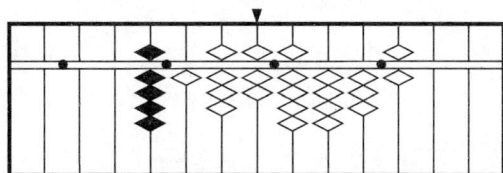

③用余数首位数"1"作为第二位试商,即从商右档起加 1 乘以 0 003 的积 0 003,余数为 879 736,余数前四位 8 797 小于除数 9 997,试商成功。

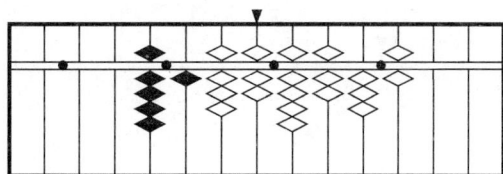

④用余数首位数"8"作为第三位试商,即从商右档起加 8 乘以 0 003 的积 0 024,余数为 79 976,余数前四位 7 997 小于除数 9 997,试商成功。

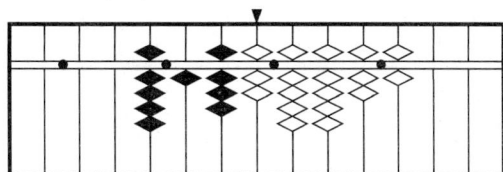

⑤用余数首位数"7"作为第四位试商,即从商右档起加 7 乘以 0 003 的积 0 021,余

数为 9 997 和除数 9 997 相等，需补商。

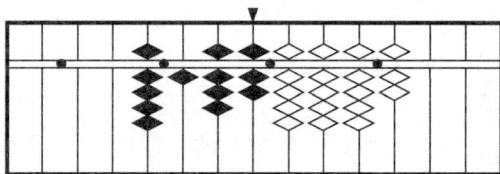

⑥余数 9 997 等于除数 9 997，则挨位上商 1，在商后不隔位减除数 9 997，第四位商数试商成功，根据盘面得商数 9 188。

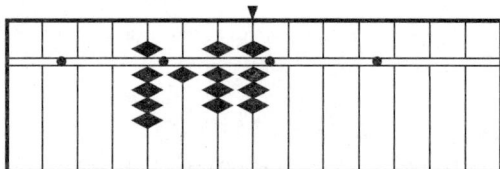

［例 9–4］98 324.59÷976＝100.74（保留 2 位小数）

运算步骤：

用固定个位档定位法定位，隔位商除法运算。

①除数 976 凑齐后为 1 000，补数为 024。按固定个位档"m－n－1"拨被除数 98 324.59 入盘，默记除数 976 的补数 024。

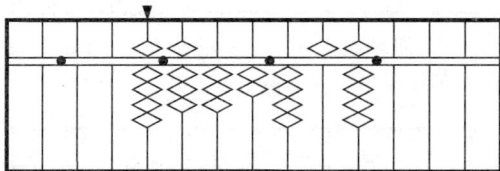

②被除数前三位 983，大于除数 976，够除，隔位上商数"1"，从商右隔档减 1 乘以 976 的积 976，余数为 72 459。

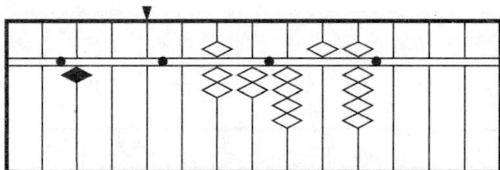

③用余数首位数"7"作为第二位试商，左移一档，从商右隔档加 7 乘以 024 的积 168，余数为 4 139，余数前三位 413 小于除数 976，试商成功。

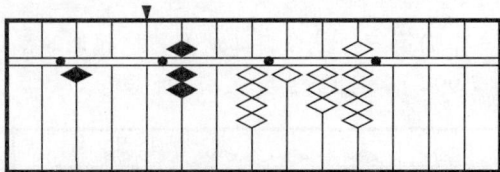

④用余数首位数"4"作为第三位试商，左移一档，从商右隔档加 4 乘以 024 的积 096，余数为 235，余数 235 小于除数 976，试商成功。

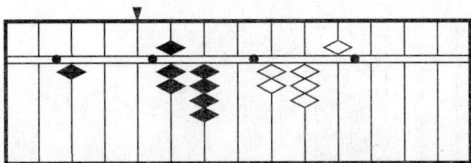

⑤至此两位小数已求出，余数 235 小于除数 976，不用再计算，通过目测余数 23 加倍小于除数前两位 97，舍去，根据盘面得商数 100.74。

◆ **基本训练二** ◆

计算下列各题（保留两位小数）：

(1) 7 614÷9.95 ＝　　　　　　　　　　(2) 5 238÷99.6 ＝

(3) 682.3÷99.3 ＝　　　　　　　　　　(4) 84.67÷9.95 ＝

(5) 27 950÷903 ＝　　　　　　　　　　(6) 93 240÷991 ＝

(7) 0.7618÷0.9995 ＝　　　　　　　　(8) 24 380÷9 993 ＝

(9) 1 864÷999.4 ＝　　　　　　　　　(10) 5 302÷9 996 ＝

(11) 7 915÷99.92 ＝　　　　　　　　　(12) 492.5÷99.91 ＝

(13) 5 294÷999.8 ＝　　　　　　　　　(14) 28.74÷9.901 ＝

(15) 47.16÷0.9096 ＝　　　　　　　　(16) 361.7÷998.1 ＝

(17) 8 246÷99.77 ＝　　　　　　　　　(18) 386.4÷0.9979 ＝

(19) 407.3÷9.986 ＝　　　　　　　　　(20) 31 620÷9 991 ＝

9.3　一口清除法

前面介绍的除法运算方法，在商数求出后，减积时都是用商数乘以一位除数后减一个积数，如果除数是一个五位数，商除法则需乘减五次积数，归除法也需乘减四次积数。这样，减积的速度太慢，如果将一口清心算结合起来，运用到除法的减积上去，将大大提高减积的速度，即利用上一章介绍的一口清求积法将多次减积改为一次减积，提高运算的水平。

一次性减积，一般用商除法运算较好，因为商除法试商后，将商数乘以除数的积一次从被除数中减去，一目了然。现以商除法与心算结合举例说明。

[例 9-5] 5 160 144÷957＝5 392

运算步骤：

用公式定位法定位，隔位商除法运算。

①从算盘右边第三档起拨入被除数。

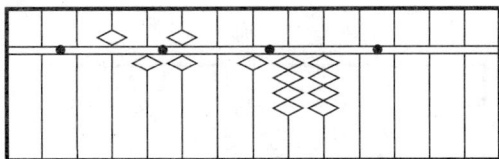

②被除数和除数首位数相比，不够除，前位商 5，用 5×957（一口清）减积 4 785，余数为 375 144。

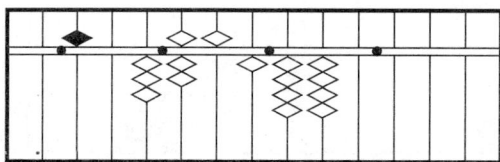

③用余数和除数首位数相比，不够除，前位商3，用3×957（一口清）减积2 871，余数为88 044。

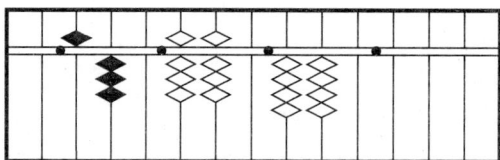

④用余数和除数首位数相比，不够除，前位商9，用9×957（一口清）减积8 613，余数为1 914。

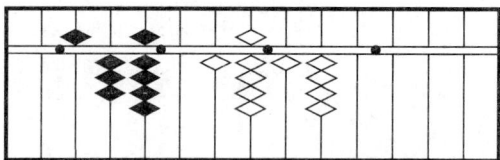

⑤用余数和除数首位数相比，不够除，前位商2，用2×957（一口清）减积1 914，恰好除清。

⑥用公式定位法定位，得商数为5 392。

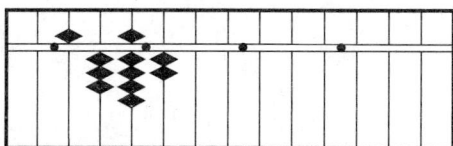

［例9-6］　24 412 416÷608＝40 152

运算步骤：

用固定个位档定位法定位，不隔位商除法运算。

①按固定个位档"m-n"拨被除数24 412 416入盘，默记除数608。

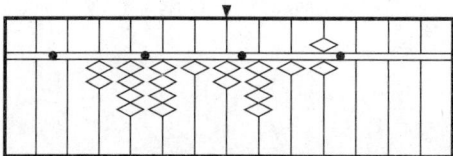

②用被除数和除数首位数相比，不够除，本位商4，将被除数首位数2改为商数4，用4×608（一口清）减积2 432，余数92 416。

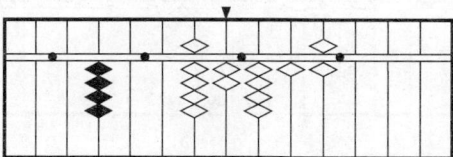

③用余数和除数首位数相比，够除，前位商1，用1×608（一口清）减积608，余数

为 31 616。

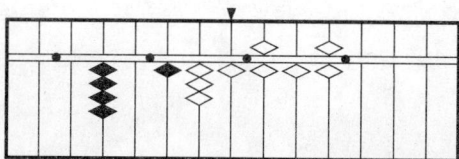

④用余数和除数首位数相比，不够除，本位商 5，将余数首位数 3 改成商数 5，用 5×608（一口清）减积 3 040，余数为 1 216。

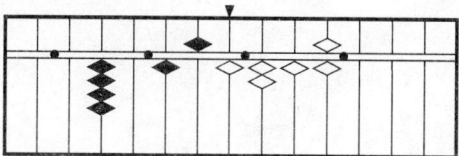

⑤用余数和除数首位数相比，不够除，本位商 2，将余数首位数 1 改成商数 2，用 2×608（一口清）减积 1 216，恰好除尽。

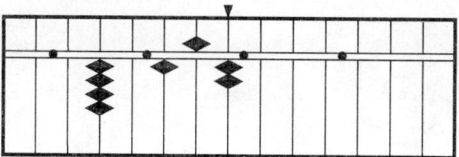

⑥根据算盘盘面写商数 40 152。

◀ 基本训练三 ▶

计算下列各题（保留两位小数）：

(1) 1 166.4÷270 =
(2) 204.75÷35 =
(3) 3 028.5÷4.5 =
(4) 42.498÷0.54 =
(5) 513.48÷660 =
(6) 624 059÷989 =
(7) 0.7524÷0.0165 =
(8) 240.25÷0.209 =
(9) 2 304.36÷34.6 =
(10) 23 471.8÷454 =
(11) 253.3617÷3.546 =
(12) 1 204.6412÷81.56 =
(13) 3 893.8725÷430.5 =
(14) 433 961.82÷69.78 =
(15) 0.39677231÷0.6413 =
(16) 242 536.58÷3 014 =
(17) 675 468.96÷909.6 =
(18) 155 277.12÷85.13 =
(19) 47 527.17÷628.5 =
(20) 68 794.08÷45.68 =

◀ 本章小结 ▶

● 省除法是指多位数除法在位数较多、商数要求保留近似值的情况下，可以适当截去不影响计算的数字，既不影响商的近似值，又能简化运算过程的方法。

● 省除法运算方法为：①运用截取公式，即"有效数字位数=被除数的位数（m）-除数的位数（n）+要求保留的小数位数+2（常数）"，确定被除数应截取的有效数字，截取尾数按四舍五入处理。被除数截取几位，除数也相应地截取几位。②可用固定个位档定位法，也可用公式定位法定位。③把已截取的被除数拨入算盘，并在末位的右一档作压尾档标记。④商与除数相乘减积到压尾档前一档止，应减在压尾档上的积数按四舍五入处理。⑤商求到要求的精确度为止，压尾档前两档为余数，目测四舍五入。

● 补数除法是指在除数接近 10^n 时，可用 10^n 的补数运算，被除数最高位是几，可视同商数为几，在商的右边相应档位上加上商与补数的乘积。除数第几位上的补数与商数相乘的积的个位数，就加在这位商数的右几档上。

● 一口清除法，特别是一口清的多位除法，实际上是在一口清乘法的基础上，直接用一口清求出商与除数的乘积，从被除数中减去。它的立商可根据隔位商除法的立商规则进行。

第 10 章

阿拉伯数字小键盘录入

学习目标

10.1 数字小键盘的构成

10.2 数字小键盘的基本指法

10.3 数字小键盘录入基本功

基本训练一

基本训练二

本章小结

学习目标

知识目标：通过本章学习，应能够掌握数字小键盘的构成及录入基本功。

技能目标：熟练运用数字小键盘，正确、高效地进行数字录入，提高操作技能。

10.1　数字小键盘的构成

计算机的小键盘区是我们平时计算机类课程教学中很容易忽略的部分，即使我们在学习键盘录入的时候，也很少谈及计算机小键盘（数字）的录入。但高效的数字录入能力如金额录入、身份证号码录入、商品条形码编号录入等是财务人员、银行职员、收银员等必须具备的基本技能，目前，高职学校的财会类专业部分学生就业正走向出纳、银行储蓄和超市收银等岗位。因此，小键盘录入技能的掌握对高职财会类专业学生尽快适应岗位需求显得尤为重要。

小键盘，也称辅助键盘区，位于键盘的右侧，主要用于数字、符号的快速录入，由阿拉伯数字键 0 ~ 9，小数点键，运算符号键——加（+）、减（-）、乘（*）、除（/），数字锁定键"NumLock"和回车键"Enter"，共 17 个键组成。该区所有的键均具有双重功能：一是代表数字、小数点和运算符号；二是代表某种编辑功能。

操作前检查其上方的 NumLock 灯是否亮着，灯亮时数字键才有效，若灯不亮，请按"NumLock"键，指示灯即亮。

10.2　数字小键盘的基本指法

手指在键盘上的位置分工合理，手指按键接触的点科学才能提高数字输入速度。

输入数据时可用左手翻阅资料，右手击键。数字小键盘的右手指法：拇指负责"0"；食指负责"1""4""7""NumLock"4 个键；中指负责"2""5""8""/"4 个键；无名指负责"."" 3""6""9""*"5 个键；小指负责"Enter""+""-"3 个键。通常规定右手的拇指放在第一排的"0"上，食指、中指、无名指和小指依次轻放于第三排的"4""5""6""+"基准键上，以确定手在键盘上的位置和击键时相应手指的出发位置。原点键也称盲打定位键，在小键盘基准键区中间位置的"5"键上有一个凸起的短横条（有些键盘上为小圆点），这个键就是小键盘的盲打定位键，可用右手中指触摸相应的标志，使右手各手指归位。敲击任何键时，只需将手指从基准键位移到相应的键上，正确输入后再返回基准键即可。由于数字小键盘各键位之间的距离短，键位数量少，很容易实现盲打。

10.3　数字小键盘录入基本功

初学者必须掌握数字小键盘的操作要领，养成良好的操作习惯，既可以保护身体机能，又可以提高数字录入速度。

①坐姿端正，身体正对键盘，双脚自然平放在地面上。

②上身稍向前倾，胸部与键盘距离一般在 20 厘米左右。

③座位高低适中，屏幕中心略低于水平线。

④肩部放松，上臂的肘部轻轻靠近身体，手腕自然放平，不要弓起，不要接触键盘。

⑤右手手指保持弯曲，形成勺状轻轻放在各手指相应的基准键位上。

⑥将录入的数据资料放在小键盘的左侧，注意力集中在数据资料或屏幕上，左手食指指明要输入的数据，右手根据指法规则和触觉击键。

◀ 基本训练一 ▶

用小键盘录入下列各数：
（1）265 328 597 148 250 278 318 257
（2）459 487 674 618 719 379 497 473
（3）306 487 479 671 497 506 149 499
（4）196 604 284 761 203 467 318 509
（5）549 285 369 557 209 432 138 750
（6）749 208 165 109 379 459 207 167
（7）671 509 751 486 624 197 009 662
（8）948 579 229 606 222 190 349 608
（9）059 349 407 451 664 579 123 348
（10）805 978 549 666 123 045 731 346

◀ 基本训练二 ▶

利用"打字测验"软件练习数字，要求：100 个/分钟为及格，140 个/分钟为良好，180 个/分钟为优秀。

◀ 本章小结 ▶

● 小键盘，也称辅助键盘区，位于键盘的右侧，主要用于数字、符号的快速录入，由阿拉伯数字键 0~9，小数点键，运算符号键——加（+）、减（-）、乘（*）、除（/），数字锁定键"NumLock"和回车键"Enter"，共 17 个键组成。该区所有的键均具有双重功能：一是代表数字、小数点和运算符号；二是代表某种编辑功能。

● 手指在键盘上的位置分工合理，手指按键接触的点科学才能提高数字输入速度。

● 必须掌握数字小键盘的操作要领，养成良好的操作习惯，既可以保护身体机能，又可以提高数字录入速度。

● 学会快速准确的数字输入操作，可以直接提高学生对卡号、账号和条形码等的输入速度，这是财务、银行储蓄和超市收银等岗位最基本的操作技能。

第 11 章

传票算和账表算

学习目标

知识目标：通过本章学习，应能够掌握传票算、
账表算的运算程序和方法。

技能目标：熟练掌握传票算、账表算的运算技
巧，以提高在实际工作中的珠算应
用能力。

传票算和账表算是日常经济工作中应用较多，要求较高的两项计算业务，是经济工作者需着重掌握好的珠算技能。在经济业务中，企业部门的会计核算、统计报表、财务分析、计划检查等业务活动，其报表资料的数字来源都是通过会计凭证的计算、汇总而获得的。这些会计凭证的汇总即传票运算，其运算速度快慢、运算结果准确与否，直接影响到各项业务活动数据的可靠性与及时性；而且报表、汇总表等均属于表格计算，通过这些报表汇总运算，可以取得有效数字，从而为有关部门制定政策提供数字依据。因此，传票算与账表算是财会工作者日常工作中一项很重要的基本功。传票算和账表算也因此被列为全国珠算比赛项目，所以应加以重视，认真学习，熟练掌握。

传票算和账表算因形式不同，计算程序和要求也不一样，因此具体运算方法也不同。本章就传票算和账表算的有关知识和运算方法进行介绍。

11.1　传票算

传票算也可称为凭证汇总算，它是对各种单据、发票和记账凭证进行汇总计算的一种方法，它也是加减运算中的一种常用方式。传票按是否装订可分为订本式传票和活页式传票两种。

1）传票算题型（以全国珠算比赛题型为例）

订本式传票，一般每本为 100 页，每页传票上有五行（笔）数字，每行数字前自上而下依次印有（一）（二）（三）（四）（五）的标志。"（一）"表示第一行数，"（二）"表示第二行数，依此类推。每行最高位数为七位数字，最低位数为四位数字。

在传票本每页的右上角印有阿拉伯数字，表示传票的页码，如 56，表示第 56 页传票，在行次后印有数字，如（一）46.75，表示第 56 页第一行数字是 46.75，依此类推。如一页珠算传票如下：

56

（一）	46.75
（二）	126.89
（三）	61 473.95
（四）	9 271.34
（五）	519.70

根据传票运算的特点，计算时除传票算盘外，另外还需有一张传票算试题即答案纸。表 11-1 即为一张珠算传票试题。

传票算试题每连续 20 页为一题，计 110 个数字。例如，第二题为从 28 页开始至 47 页截止，将每页第三行的数字累加起来，然后将结果填写在合计栏内。

传票算具体的运算步骤和方法是由传票本身的运算特点所决定的，主要包括以下几个方面：整理传票、传票的摆放位置及找页、传票的翻页和记页、传票的计算方法等。

表 11-1

题　号	行　次	起止页数	合计数
一	（五）	7 ~ 26	
二	（三）	28 ~ 47	
三	（四）	35 ~ 54	
四	（二）	68 ~ 87	
⋮	⋮	⋮	

2）整理传票

传票运算时，左手要进行翻页，即一页一页地翻打。为了提高运算速度，加快翻页动作，避免翻重页或漏页的现象，运算前除了应检查传票有无缺页、重页或数字不清晰以外，还需将传票捻成扇面形状。捻扇面的方法是：用左手握住传票的左下角，拇指放在传票封面的上部，其余四指放在传票背面；右手握住传票的右上角，拇指放在传票封面的上部，其余四指放在传票背面，轻轻捻动几下即成扇面形。将传票捻成扇面形状还有其他方法，这里不再一一介绍。将传票捻成扇面形状后，即用票夹子将传票左上角夹住，使扇面固定，防止错乱；扇面形状的大小根据需要而定，不宜过大，一般封面与底页外侧上角偏出最大距离应为 1 ~ 2 厘米，否则左手翻动起来不方便。

3）传票的摆放位置及找页

传票运算时，如使用大中型算盘，可将传票放在算盘的左下方；如使用小算盘，可将传票放在算盘的左下方或算盘的左上方，传票试题放在算盘的右下方。传票摆放位置应以看数和计算方便为宜，贴近算盘。

找页是传票算的基本功之一，因为传票试题在拟题时不是按自然顺序，而是相互交叉，这就需要在运算过程中前后找页。如第二题第三行第 28 页到 47 页，当第二题计算完毕，在写数清盘的同时，必须用眼睛余光看下一题起始页，然后左手迅速翻找，当第二题答数抄完，清盘后即可进行下一道题运算。找页应刻苦练习，首先练习手感，如传票每本 100 页，厚度是多少？用手翻找 15 页、30 页、50 页、70 页各有多厚，经过一段时间的刻苦练习，自然就有了手感基础。其次要求能迅速准确地找出各题起始页，如一次未能翻到，再用左手略作调整。总之，找页动作要经过刻苦练习，达到找页准确迅速，不影响右手拨珠运算。

4）传票的翻页和记页

传票翻页的方法：左手的小指、无名指和中指放在传票封面的左下方，食指、拇指放在每题的起始页，然后用拇指翻动传票。翻动传票时拇指同传票接近平行居中偏右一点，翻动幅度不宜过大。为了避免出现翻重页，还需要拇指和食指配合拈页，食指负责拈页外，还需与中指一起迅速夹牢翻过的页码，以便拇指继续翻页。

传票运算除翻页外还需要记页。因为传票计算每题由 20 页组成，为了避免在计算过程中发生超页或打不够页的现象，必须在计算过程中默记打了多少次。如果用一目一页打法，就要默记 20 次，然后核对该题的讫止页，立即书写答数；如采用一目二页打法，即需默记 10 次后核对该题讫止页即可书写答数。记页通过反复练习，熟练后就能准确地进行运算。

5）传票的计算方法

传票计算方法有一次一页打法，一次双页打法，一次三页打法。

（1）一次一页打法

进行传票运算时，翻一页打一笔数的方法叫一次一页打法。如 28～47 页第三行打出一个合计数，一次一页打法采用一次计算一笔数字，翻页、拨珠动作较多，不利于提高计算效率和计算水平。

（2）一次双页打法

在传票运算中，将传票一次翻起两页，然后将两页同行数字脑算后一次拨入算盘，这就是一次双页打法。一次双页计算较一次一页打法减少了翻页和拨珠次数，提高了计算效率。运用一次双页打法要具备扎实的基本功，加减法的并数运算要很熟练；翻页、看数、拨珠等动作要衔接好，不要有脱节；一次翻双页手感要好，前后翻页动作应协调。

一次双页翻页方法：小指、中指、无名指放在传票封面上，食指放在起始页上，拇指掀起传票，拈开两页从夹缝中看数，经脑算得两页同位数之和并一次拨入算盘。待前一次双页最后一位和数拨入算盘时，由拇指和食指配合将打完的双页夹于食指和中指间，同时拇指迅速掀起下一个双页，如此继续，左手翻动十次即完成一道算题。

（3）一次三页打法

一次三页打法就是将三页传票的同位数累加起来一次入盘。一次三页打法翻页和运算难度都较大，一般可以先将第一、二页同位数相加后，再迅速加上第三页同位数，然后将和数拨入算盘，以减少翻页、拨珠动作。

一次三页翻页方法是：小指、无名指放在传票封面的左下方，大拇指翻起一页传票后用中指食指夹牢，大拇指再迅速掀起下一页传票，使眼睛能很快看清三页中同位数的数字，然后将脑算的三数之和拨入算盘。

6）一次双页和一次三页的练习方法

学会一次双页、一次三页的计算方法并不困难，难点是不易熟练掌握并加以运用。因此要有长期刻苦训练的决心，经过反复练习，达到运用自如。具体训练方法如下：

①熟练掌握加减一目二行和一目三行并数运算方法。

②用一次双页（或三页）的翻票方法，依次翻动第一至第一百页各行，脑算一目二行、一目三行同位数之和，不进行拨珠运算。

③待翻票看数熟练后，就将翻票看数与拨珠结合起来练习。

④能用一目两行（或三行）进行传票运算后，就可按全国珠算技术比赛传票算的要求进行计算。

⑤每天认真练习两至三个十五分钟就可以收到较好的效果。

◀ **基本训练一** ▶

准备一本比赛用传票，进行以下计算：

（1）计算第二行 1～20 页合计数。

（2）计算第五行 51～70 页合计数。

（3）计算各行 1～100 页合计数。

（4）传票算试题：

题号	行次	起止页数	答　案
一	(二)	4～23	
二	(三)	7～26	
三	(五)	6～25	
四	(四)	8～27	
五	(一)	13～32	
六	(五)	17～36	
七	(二)	22～41	
八	(四)	72～91	
九	(三)	65～84	
十	(二)	52～71	
十一	(二)	51～70	
十二	(五)	2～21	
十三	(三)	31～50	
十四	(二)	3～22	
十五	(一)	5～24	
十六	(三)	52～71	
十七	(四)	62～81	
十八	(五)	37～56	
十九	(二)	6～25	
二十	(三)	8～27	
二十一	(三)	9～28	
二十二	(五)	12～31	
二十三	(一)	11～30	
二十四	(三)	16～35	
二十五	(四)	19～38	
二十六	(五)	65～84	
二十七	(二)	76～95	
二十八	(三)	77～96	
二十九	(四)	78～97	
三十	(一)	8～27	

题号	行次	起止页数	答　案
一	（三）	52～71	
二	（四）	62～81	
三	（五）	37～56	
四	（二）	6～25	
五	（三）	8～27	
六	（三）	9～28	
七	（五）	12～31	
八	（一）	11～30	
九	（三）	16～35	
十	（四）	19～38	
十一	（五）	65～84	
十二	（二）	76～95	
十三	（三）	77～96	
十四	（四）	78～97	
十五	（一）	8～27	
十六	（五）	32～51	
十七	（一）	45～64	
十八	（三）	33～52	
十九	（二）	34～53	
二十	（二）	42～61	
二十一	（五）	1～20	
二十二	（三）	25～44	
二十三	（四）	36～55	
二十四	（一）	31～50	
二十五	（五）	2～21	
二十六	（三）	8～27	
二十七	（五）	5～24	
二十八	（四）	3～22	
二十九	（一）	29～48	
三十	（三）	27～46	

题号	行次	起止页数	答　案
一	（三）	12～31	
二	（五）	15～34	
三	（四）	19～38	
四	（一）	21～40	
五	（三）	22～41	
六	（五）	27～46	
七	（四）	29～48	
八	（二）	3～22	
九	（五）	5～24	
十	（二）	8～27	
十一	（四）	2～21	
十二	（二）	5～24	
十三	（三）	7～26	
十四	（一）	9～28	
十五	（五）	8～27	
十六	（四）	12～31	
十七	（三）	51～70	
十八	（二）	49～68	
十九	（一）	72～91	
二十	（五）	78～97	
二十一	（四）	3～22	
二十二	（五）	4～23	
二十三	（四）	32～51	
二十四	（二）	35～54	
二十五	（三）	39～58	
二十六	（四）	42～61	
二十七	（一）	45～64	
二十八	（二）	52～71	
二十九	（三）	61～80	
三十	（五）	64～83	

题号	行次	起止页数	答　案
一	（四）	5 ～ 24	
二	（二）	12 ～ 31	
三	（三）	19 ～ 38	
四	（一）	21 ～ 40	
五	（五）	25 ～ 44	
六	（二）	29 ～ 48	
七	（一）	52 ～ 71	
八	（四）	58 ～ 77	
九	（三）	62 ～ 81	
十	（五）	79 ～ 98	
十一	（四）	3 ～ 22	
十二	（五）	4 ～ 23	
十三	（二）	17 ～ 36	
十四	（三）	16 ～ 35	
十五	（一）	15 ～ 34	
十六	（五）	24 ～ 43	
十七	（四）	23 ～ 42	
十八	（三）	28 ～ 47	
十九	（二）	32 ～ 51	
二十	（一）	47 ～ 66	
二十一	（五）	32 ～ 51	
二十二	（一）	45 ～ 64	
二十三	（三）	33 ～ 52	
二十四	（二）	34 ～ 53	
二十五	（二）	42 ～ 61	
二十六	（五）	1 ～ 20	
二十七	（四）	25 ～ 44	
二十八	（二）	36 ～ 55	
二十九	（三）	31 ～ 50	
三十	（五）	2 ～ 21	

11.2 账表算

账表算又称表格算，是日常经济工作中最常见的加减运算形式，如会计报表的合计、累计、分组算等均属此类运算。账表算和传票算一样，属于全国珠算比赛项目，它可以根据本身计算特点检验出运算正确与否，所以许多珠算计算者又利用账表算进行强化加减算准确程度的训练。

1）账表算题型（以全国比赛题型为例）

账表算的一张表由五列二十行组成，即横向二十个算题，竖向五个算题，见表11-2。

表11-2

序号	一	二	三	四	五	合计
一	62 573 986	396 478	9 308	4 567 489	97 028	
二	54 872	48 678 593	16 794	6 743	57 028 943	
三	2 743 925	7 316	5 273 967	708 296	813 726	
四	6 307	28 935	7 826 954	253 847	98 203 764	
五	567 249	83 207 524	8 942	46 953	7 384 926	
六	84 957 836	7 392 658	208 357	-9 236	32 618	
七	27 659	7 263	92 538 309	92 304 567	9 256	
八	7 285 934	728 506	46 582	7 839 452	-678 695	
九	72 684	237 825	7 315 248	72 563 849	8 147	
十	36 218 943	7 602	956 842	76 438	7 246 925	
十一	625 473	6 089 453	28 693	9 142	38 729 461	
十二	9 725	27 839	75 835 461	7 138 206	853 926	
十三	4 738 304	43 765 092	7 019	273 659	92 435	
十四	8 312 456	64 287 908	5 426	208 739	71 293	
十五	29 304	9 204 657	96 732 461	3 825	247 816	
十六	6 842	716 823	25 428	9 421 593	52 073 948	
十七	307 639	63 749	6 867 952	63 982 174	5 032	
十八	76 843 952	7 901	207 384	-34 807	8 536 741	
十九	136 827	3 265 428	30 718 927	82 513	-7 406	
二十	8 276	92 815	234 569	64 289 175	9 128 356	
合计						

账表算的计分为竖式每对一题得 14 分，合计 70 分；横式每对一题得 4 分，合计 80 分；两项合计 150 分。如一张账表答数全部正确且轧平（即横式题答数累计数等于竖式题答数累计数），另加 50 分，即一张表全对得 200 分。

账表算中各行数字最高位数八位数，最低位数四位数，横式每题三十个数字，竖式每题一百二十个数字，一张表由六百个数字组成。

账表算中每表带减号的只有四笔，没有倒减运算。

2）账表算的运算方法

账表算中有横式算题，也有竖式算题，而我们平时大多数是进行竖式习题的练习，缺少横式算题的训练，尤其是横式并数练习更少。因此，要提高账表算的水平，就必须进行全面练习和严格训练。

账表算适宜用小算盘进行计算，采用左手握盘、上下移动压上法和上下移动压下法进行计算。对行次多的账表上下移动压下法比较合适。具体方法是：把算盘放在要打的账表的头行数字下边，露出上行。当将要打完本行数字时，左手移动算盘挪向下行，右手继续打数，边打边向下移动，计算完最后一行数时，右手抄写答数。

如使用大算盘进行运算时，一般应把账表放在算盘的下面，左手一边指数，一边随着计算将账表往上推，使其计算的行数尽量与盘面接近，以便于看数、拨珠、抄写答数。

账表算的运算方法来源于加减法，只要加减法基本功扎实，就比较容易轧平账表。账表竖式算题一般采用加减练习方法进行运算。大多采用珠算与脑算结合的一目三行、一目四行或一目五行运算。

横式算题可以采用珠算脑算结合的一目二行运算方法，即将横式每题的五笔数字按二二一或二一二打法进行运算，前者将每两笔数进行合并入盘后再加第五笔数；后者将前两笔数合并入盘，单加第三笔数，再将后两笔数合并入盘。横式一目两行的难点在于对两行数字的首位数的判断，刚练习时看数不大习惯，难度较大，应坚持练习，分步训练，就能掌握运算方法。

3）账表算的训练方法

账表算计算方法较多，要求快速、准确，无论是横式算题还是竖式算题都要手、眼、脑相结合。训练时应注意以下几个方面：

①看数是关键，应经常进行看数练习，在账表计算中，除练习竖式加减题看数外，还要特别注意练习横式算题看数。因横式算题所占比重较大，直接影响运算速度，只有横向看数熟练了才能做到拨珠顺畅有序、干净利落。

②运算时精力要集中，并增强排除干扰的能力，特别是比赛时做到临场不乱，稳定情绪不急躁，才能防止差错，把表轧平。

③因账表算写数较多，要特别注意练习盯盘写数，提高写数速度与质量。同时，力求做到 4 秒钟左右写完答数，清盘、定位基本不用时间。

④练习时出现错误要及时查明原因。正确处理快与准的关系，做到在准确的基础上求快。

◀ **基本训练二** ▶

计算下列账表算题：

1.

序号	一	二	三	四	五	合计
一	652 071	9 872	40 867	4 185 796	56 193 287	
二	6 580 329	78 641 093	5 629	−28 407	916 358	
三	93 052	183 906	86 107 495	5 082	−7 360 412	
四	7 893	2 076 385	359 174	10 692 357	91 874	
五	71 698 305	80 129	7 815 903	930 724	4 096	
六	9 073	35 072	684 793	41 589 206	9 504 867	
七	72 684	7 609 185	53 019 426	254 073	1 423	
八	20 843 159	2 964	70 851	1 706 892	986 305	
九	916 508	61 085 397	7 839 102	5 136	−37 126	
十	3 854 716	571 408	4 236	83 429	20 861 957	
十一	4 309 568	61 085 397	268 071	92 147	9 123	
十二	960 781	34 762	8 105 243	5 762	79 052 871	
十三	28 176	9 874	15 783 062	705 284	5 876 039	
十四	1 764	2 601 983	36 129	35 284 091	−269 504	
十五	51 786 032	168 502	9 857	2 069 435	73 295	
十六	32 947	9 031 678	298 345	46 371 258	5 324	
十七	480 139	89 247	16 059 862	−9 736	6 031 942	
十八	1 369 508	87 413 905	3 174	76 592	786 294	
十九	73 601 825	3 764	4 870 912	687 019	24 587	
二十	6 294	857 649	67 839	6 430 129	63 157 029	
合计						

2.

序号	一	二	三	四	五	合计
一	107 468	40 387	41 602 387	5 029 718	8 405	
二	5 326 914	6 895	97 135	96 483 507	692 714	
三	3 807	51 832 746	965 428	16 234	5 237 096	
四	95 286	124 069	1 730 596	9 875	19 408 632	
五	20 179 435	1 079 235	8 042	240 316	−35 178	
六	6 902 374	18 367	17 063 985	6 473	610 782	
七	43 159	30 146 258	8 354	958 014	2 087 413	
八	726 408	5 319	4 235 019	50 613 729	18 564	

序号	一	二	三	四	五	合计
九	5 267	8 702 941	604 238	45 938	40 156 278	
十	38 670 915	635 074	59 263	-3 508 396	3 459	
十一	6 412 350	960 357	5 938	70 816 925	80 647	
十二	40 841	46 095 128	1 896 042	204 153	4 152	
十三	80 194 256	8 275	530 179	48 097	9 107 438	
十四	7 432	23 014	41 258 706	5 731 408	-546 983	
十五	758 693	9 876 342	49 287	3 219	35 791 028	
十六	81 309 257	491 035	5 173 408	4 397	29 185	
十七	4 530 786	49 836	802 391	69 087 123	7 526	
十八	5 921	7 685 042	64 573	-270 645	50 936 417	
十九	93 647	2 769	14 725 096	2 815 039	372 098	
二十	286 039	58 720 136	7 294	51 846	9 061 723	
合计						

3.

序号	一	二	三	四	五	合计
一	3 902 418	536 971	2 068	29 456	13 048 579	
二	798 251	15 023 689	8 250 413	7 049	36 742	
三	89 536 047	8 402	937 154	6 905 813	17 254	
四	15 306	4 562 573	36 508 419	174 268	2 983	
五	7 462	17 489	714 863	85 630 506	-6 521 309	
六	14 069 728	985 036	38 275	2 169	5 804 143	
七	278 094	2 461	9 051 426	81 517	63 980 635	
八	1 536	32 691 047	6 215 704	-63 403	849 289	
九	8 570 312	74 801	2 095	386 735	69 192 468	
十	54 063	6 348 529	509 738	18 041 927	5 271	
十一	6 805 192	162 097	15 097 843	6 842	34 713	
十二	170 348	8 534 214	32 689	94 705 219	7 504	
十三	59 427	5 098	61 246 357	8 416 293	670 153	
十四	94 238 761	370 142	8 476	-98 035	5 461 029	
十五	5 349	93 458 706	31 092	2 815 876	140 657	
十六	76 892 413	12 037	6 283 641	506 495	9 802	
十七	1 359 802	8 695	90 813	67 154 073	-276 423	
十八	5 047	74 965 213	158 269	4 293 601	80 587	
十九	281 654	36 148	36 274 095	7 852	1 079 036	
二十	63 907	9 704 853	7 546	102 493	54 218 628	
合计						

4.

序号	一	二	三	四	五	合计
一	6 830 492	926 157	9 287	81 804	75 201 643	
二	48 105 236	9 420 368	175 629	7 289	64 107	
三	86 043	81 302 647	3 860 492	269 517	2 839	
四	7 829	16 803	31 704 658	4 920 836	517 692	
五	571 296	7 289	10 364	37 508 621	8 360 240	
六	965 417	83 219 407	26 083	−8 296 075	6 254	
七	5 245	945 716	14 897 302	83 206	6 903 572	
八	2 796 303	6 524	574 169	92 137 048	36 028	
九	62 830	9 503 678	6 452	471 695	87 934 201	
十	72 304 981	80 326	3 502 876	6 542	−761 954	
十一	35 618 497	5 603	−65 417	120 963	9 842 035	
十二	2 945 038	95 846 137	3 059	−74 516	790 123	
十三	260 793	3 940 825	19 368 745	5 063	67 514	
十四	76 451	701 632	8 049 253	96 571 438	5 306	
十五	3 605	64 157	690 137	5 243 980	47 953 618	
十六	5 437 196	7 019	582 609	81 037 452	84 736	
十七	73 614	3 194 765	5 091	659 208	50 937 812	
十八	37 054 128	86 473	4 137 569	9 017	−268 905	
十九	529 086	20 178 354	71 486	6 731 495	7 019	
二十	9 701	896 502	30 587 124	76 138	4 795 163	
合计						

◀ 本章小结 ▶

● 传票算也可称为凭证汇总算，是对各种单据、发票或记账凭证进行汇总计算的一种方法，同时也是进行加减运算练习的一种常用方式。传票算的运算过程主要包括：①整理传票，即把传票捻成扇形。②找页。要有手感基础，即心中有数，需要找的页数要随手就能找到。③翻页。翻页有一次一页、一次双页、一次三页等多种方法，同时还要注意默记 20 次。经过练习要使翻页、看数、拨珠等动作衔接好，不能脱节。

● 账表算又称表格算，是日常经济工作中最常见的加减运算形式，如会计报表的合计、累计，分组算等均属于此类运算。一张账表由 5 列、20 行组成，即竖向 5 个算题，横向 20 个算题。

账表算练习的关键是看数，可以一目二行，也可以一目三行。横式算题一目二行看数时，一定要特别注意首位数档次的判断。

附 录

附录Ⅰ **全国珠算技术等级鉴定标准（试行）说明**

根据1983年10月第十五次常务理事会太原会议决定，1984年1月鉴定比赛委员会组织专门小组于上海修订了《全国珠算技术等级鉴定标准》（试行），经1984年3月6日在武汉市召开的第十六次常务理事会扩大会议讨论通过，批准从1984年4月开始在全国范围内试行。现将标准中有关问题作如下说明：

一、考虑到目前各省、市、自治区经济工作人员珠算水平的现状，为适应广大群众和珠算选手逐步提高技术水平的要求，满足各类专业人员业务考核的需要，本标准的等级确定为二等十二级，即能手级六级、普通级六级（如需进行低于普通级六级的考核，由各地区自定标准，发地方合格证）。

二、鉴于全国范围广泛开展等级鉴定活动，将会带来大量的拟题、印刷试卷工作，为减轻各级珠协组织的工作量，能手级鉴定实行一套题，按完成正确题数确定六个级别。普通级虽拟定了六个级别六套题的标准，各级珠协在实施中根据具体情况可灵活掌握，亦可以采用两套题确定六个级别的办法。

三、普通级的六个级别，如采用两套题，可按下列办法执行：用一级题鉴定一至三级，按打对题数定级。对9题为一级，对8题为二级，对6题为三级。用四级考题鉴定四至六级，对8题为四级，对7题为五级，对6题为六级合格。这样做既不降低六个级别考核的题量要求，又方便群众定级，有利于调动报考人员的积极性。

采用一、四级题型解决二、三、五、六级考核的对比情况。

加减算

级别 题型	一级		二级		三级		四级		五级		六级	
	对题	题量	对题	题量	对题	题量	对题	题量	对题	题量	对题	题量
按六级六套题型	9	810	9	720	8	560	8	480	8	400	8	320
按两套题一、四级题型	9	810	8	720	6	540	8	480	7	420	6	360

乘算

级别 题型	一级		二级		三级		四级		五级		六级	
	对题	题量	对题	题量	对题	题量	对题	题量	对题	题量	对题	题量
按六级六套题型	9	158	9	128	8	91	8	72	8	56	8	42
按两套题一、四级题型	9	158	8	141	6	106	8	72	7	63	6	54

除算

级别 题型	一级		二级		三级		四级		五级		六级	
	对题	题量	对题	题量	对题	题量	对题	题量	对题	题量	对题	题量
按六级六套题型	9	119	9	103	8	77	8	58	8	42	8	32
按两套题一、四级题型	9	119	8	106	6	79	8	58	7	50	6	43

四、关于乘算的答题字数要求问题。题型有实、法位数合计 11 位、10 位、9 位、8 位等，由于答数字数的多少直接关系到计算量，量多则难度大，写答数耗时多。若拟题时省乘法安排过多，计算量少，答题少，耗时间也少。因此，要求拟题时确定积数位字数，占实法位数总数应有一定比例，答题的总字数应占实法总字数的 83% 为宜，允许上下浮动幅度为 3%，即 80% ~ 86%。

五、关于鉴定考试限定时间问题。加减算为 10 分钟，乘、除算各 5 分钟。加减、乘、除算可合并一场鉴定；也可加减算 10 分钟，乘、除算一张卷 10 分钟分场考核；也可采取乘、除算分场测验，由 5 分钟加到每场 10 分钟，题量也相应加倍。

六、合格等级的确定。加减、乘、除三项考核，依最低的一项确定级别，不能以三项的平均对题数确定级别。

七、几个衡量计算量数据的计算方法：

题量：加减算按每题字数；乘算：实位数×法位数之和；除算：实位数×商位数之和。按合格题数计算的题量：（总题量÷总题数）×要求合格题数。

每分钟字数：按合格题数计算的题量÷近合格题数计算的题量。

八、计算量中有关"按合格题数计算"的"字数""每分钟字数""每字占用秒数"是按平均数计算。实际测验时，乘、除算完成题量有可能高于或低于平均数，允许有一定浮动，只要按"标准"要求答对题数，即可认为合格。

中国珠算协会鉴定比赛委员会

1984 年 3 月 8 日

附录 II　全国珠算技术等级鉴定标准（试行）实施办法

一、鉴定宗旨。为了全面开展珠算技术等级鉴定工作，促进我国珠算技术水平的迅速提高，培养大量精于计算的人才，加强企业管理，提高经济效益，更好地为"四化"建设服务，特制定本实施办法。

二、鉴定范围。凡全国各机关、团体、企业、事业、部队有关人员及在校学生和城乡个人，均可向各地珠算协会缴纳鉴定费，报名参加珠算技术鉴定。考核合格者发给合格证。

三、鉴定权限。珠算技术等级鉴定按照分级管理、共同负责的原则进行。中国珠算协会鉴定比赛委员会（以下简称"委员会"）具体负责能手一、二级的鉴定和签证工作。审批合格的能手一、二级名单则由委员会汇总报中国珠协备案。应试者的考核工作委托各省、市、自治区珠协用委员会所印发的试题统一进行。对于已达到能手一、二级水平的应试人员，应由所在地的珠算协会和主检人员负责审核盖章，并将合格名单和试卷一并函寄委员会审核签证。其各分级的鉴定和签证工作由各省、市、自治区珠协根据当地的实际情况，拟定细则负责办理。对于能手级三至六级合格者，要登记、造册函寄委员会备案。

四、级别晋升。珠算技术鉴定，一般采取由低级到高级逐级晋升的方法进行。应试人员第一次报名参加鉴定时，可按本人申请的级别参加鉴定，对复试继续晋升的人员允许适当跨级参加鉴定考试。

五、鉴定人员。为保证鉴定工作严格按照标准规定进行，各省、市、自治区珠协可聘请或指派三至五名对珠算技术鉴定具有专业能力的同志为鉴定员，鉴定人员在各省珠协的领导下，接受委员会委托，代办本省能手一、二级应试人员的鉴定。组织鉴定时须认真负责，严格掌握限制时间、评分标准，并严格执行考场纪律。

六、鉴定试卷。能手级的鉴定试卷，由委员会统一编拟印制，以省、市、自治区珠协为单位统一订购，每年印发两次，自行印制能手级试卷者考核无效。必须严格注意鉴定试卷的保密工作，如有泄露，要追究有关人员的责任。每次鉴定只发一份试卷，鉴定完毕后试卷要全部收回（包括来不及运算、未写答案的空白试卷），妥善保管，定期销毁。普通级鉴定试卷，各省珠协可按照委员会所拟定的统一标准，自行编拟、印制，练习用模拟题由各省自行安排。

七、考场规则。应试人员必须遵守考场纪律，服从鉴定人员的统一指挥。鉴定人员必须持公正、严肃、认真的态度履行职责，对违反考场规则者，可视其情节轻重，给予警告或批评，情节严重者可取消本次鉴定资格。

八、评分细则。评卷人员要严格掌握评分标准，认真负责，大公无私地做好评分工作。试卷评定后要经过复核审定。

珠算鉴定的具体评分细则，可参照《全国珠算技术比赛办法》第五条第 3 项"错题与扣分评定"。

九、合格证。能手级合格证由委员会统一印制、发售。普通级合格证可由各省、市、自治区按委员会所设计的统一样式自行印制。

十、其他。为照顾地区、行业的特点，各级的鉴定也可分项进行，每单项合格可发给"合格卡"，等加减、乘、除各单项全部合格，再换发合格证。

本办法解释权属于中国珠算协会鉴定比赛委员会。

中国珠算协会鉴定比赛委员会
1984 年 3 月 7 日

附录Ⅲ 全国珠算技术等级鉴定工作规程

为了加强珠算技术等级鉴定工作，使鉴定工作进一步规范化、科学化，特制定《全国珠算技术等级鉴定工作规程》。

一、鉴定标准适用范围

中国珠算协会1984年4月公布试行的《全国珠算技术等级鉴定标准》，是我国考核珠算技术水平的唯一标准。该标准以实际运算能力考取相应等级，其不同级别的鉴定结果，可作为会计等系列专业技术职称评定的技能条件之一（财政部（85）财会字第 60 号文件规定，会计员达到标准普通五级的，即为珠算技能合格）；可作为某种职业、职务或岗位的技能要求之一；可作为在校学生珠算课学习成绩的考核、毕业、分配的标准之一；可作为评比、奖励集体或个人的条件之一，等等。

凡机关、团体、企业、事业、部队、学校的干部、工人、军人、学生和农民及城乡个人，均可向当地珠算协会报名，参加珠算技术等级鉴定考核，取得相应的珠算技术等级证书。

二、鉴定权限

珠算技术等级鉴定工作，按照分级管理的原则，由各省、自治区、直辖市、计划单列市和有关系统珠算协会负责，并根据各自情况，制定具体办法，划分鉴定范围，积极开展鉴定工作。

除铁道和解放军以系统为主进行鉴定工作外，其他系统珠算协会开展鉴定工作，应征得省、自治区、直辖市和计划单列市珠算协会同意，按照块块为主、条块结合的原则，共同完成鉴定任务。

三、鉴定员管理

根据珠算技术等级鉴定工作需要，实行鉴定员制度。鉴定员设一、二两级。对鉴定员的基本要求是：必须坚持四项基本原则，努力学习珠算知识，积极钻研和熟练掌握珠算技术等级鉴定工作业务，认真执行《全国珠算技术等级鉴定标准》（试行）和《全国珠算技术等级鉴定工作规程》。在鉴定工作中，要坚持原则、公正无私、认真负责、一丝不苟，积极完成任务。

鉴定员的职责。一级鉴定员，负责对鉴定标准的所有级别进行评定工作，并要求能够独立编拟鉴定试题。二级鉴定员，负责对鉴定标准规定的普通级进行评定工作。

鉴定员证书，由中国珠算协会统一制定，鉴定员专用印章按中国珠算协会统一规格，均由省、自治区、直辖市、计划单列市和有关系统珠算协会负责颁发、刻制。

印章统一规格为：13cm×13cm，四框内中间横线，上刻"×级鉴定员"，下刻姓名。

四、鉴定工作财务管理

鉴定工作实行有偿服务、合理收费。其收费标准，须报请财政、物价主管部门批准。

收费项目一般包括：报名费、鉴定费、证书工本费、升级签证费等项。

支出项目一般可包括各种证件、表格、试卷印刷（购置）费，场租费，专兼职工作人员劳务费，监考、评卷人员酬金，差旅费，上缴管理费以及其他必要的费用等。

各级珠算协会必须遵守财经纪律，制定财务管理办法，实行民主管理。

五、鉴定试卷及珠算技术等级证书管理

鉴定试卷必须符合《全国珠算技术等级鉴定标准》的要求，由中国珠算技术协会和省、自治区、直辖市、计划单列市和有关系统珠算协会，按统一格式编拟印刷。

试卷题库，应保持多品种，不断更新。试卷要严格保密，专人负责，手续完备，严防泄密。

《中华人民共和国珠算技术等级证书》的管理，应严格执行中珠字（1990）第 1 号《关于珠算等级证书的管理办法》。经中国珠算协会批准自行印制证书外皮的，应按规定上缴管理费，证书内页一律由中国珠算协会统一印制。

六、鉴定程序

珠算技术等级鉴定工作，可参照下列程序进行：

1. 报名。报考人员须持照片填写报名单，缴纳费用，领取准考证，并由工作人员编好考核日期、时间、场次、场地、座号等。

2. 鉴定考试。

（1）每场鉴定至少要有两名鉴定员现场主考。

（2）鉴定考试一般只考一卷，不同场次要更换试卷。

（3）考生入场后，鉴定员应宣布考场纪律，将沿虚线折好的试卷正面向下发给学生，统一发令填写姓名等项，并由鉴定员检验有关证件，与试卷填写核对无误后，方可发令"开始"翻卷答题。

（4）鉴定考试时间，综合卷每场 20 分钟。由主考人兼任记时员、发令员。主考人发令"停止"后，考生应立即停止计算，工作人员即刻收卷，清点数量无误后，送交评分员评卷。

3. 评卷，分初评、复评，最后由鉴定员核定等级。试卷只判对或错，不打分。

下列情况作错题论：

（1）字迹过于潦草，确实无法辨认的；

（2）一题有两个答数的；

（3）未用划线更正，任意涂改数字的；

（4）小数点漏点或点错位置的；

（5）按规定保留小数该入不入、该舍不舍的。

4. 填发珠算技术等级证书。对考试合格的考生，应及时填发证书。证书填写要清晰，印章要齐全，手续要完备，底册要存档。

七、考场纪律及违纪处理

珠算技术等级鉴定的考场纪律，各地可参照"全国珠算技术比赛规程"有关内容，结合本地具体情况和惯例自行制定。

在考试进行中遇有违纪行为，应立即制止与纠正。对严重违纪行为，各地应制定相应的处罚办法。

八、鉴定工作人员纪律及违纪处理

鉴定工作人员要坚决维护鉴定工作的统一性、严肃性和权威性，严格执行鉴定标准和鉴定工作规程，认真把好质量关。不徇情舞弊、不泄露鉴定试题、不弄虚作假，不发"人情证"。

对工作人员发生的违纪问题，必须严肃处理，直至取消其参与鉴定工作资格。是鉴定员的，要吊销其鉴定员证书。

九、报表制度

各级珠算协会，都要认真填报"鉴定人数统计表"（附后）。各省、自治区、直辖市、计划单列市和有关系统珠算协会应在年终汇总，于下年一月底前报送中国珠算协会。

本规程已经 1992 年 5 月 9 日中国珠算协会三届十三次常务理事会通过公布执行。凡过去有关鉴定工作的规定与本规程有抵触的，以本规程为准。解释权、个性权属于中国珠算协会。

各省、自治区、直辖市、计划单列市和有关系统珠算协会，应根据本规程规定，制定各自实施细则，并向中国珠算协会备案。

中国珠算协会
1992 年 5 月 9 日

附录Ⅳ 珠算技术等级鉴定普通 4 ~ 6 级模拟题

加减算

（一）	（二）	（三）	（四）	（五）	（六）
267 809	2 983	541	539	824 097	302
5 143	405	4 319	4 027	938	581 749
315	4 381	315 028	−383	−4 105	9 036
972	507	853	542	627	42 673
46 806	2 136	6 912	9 103	6 053	519
480 531	948	470	960 347	729	2 904
729	4 056	7 694	−8 210	−4 538	605 817
4 192	60 738	569	−9 062	610	438
3 567	853	8 123	427	−6 287	7 352
608	723 981	307	615 849	82 905	602
31 759	95 412	6 738	−70 286	570	8 457
2 413	169	31 975	697	945 013	961
239	4 207	209	54 081	−71 634	89 312
5 076	620 875	207 865	375	813	604
832	716	86 024	−6 158	−6 429	7 158

（七）	（八）	（九）	（十）
864	135	791 056	58 734
923	7 089	814	801 645
509	792 135	−4 302	−853
167	896	675	7 826
69 785	38 542	−9 082	−273
4 321	624	623	75 402
6 058	7 169	7 809	7 268
385	3 024	547	−9 071
807 923	60 271	−5 068	369
2 876	9 453	670	−190 526
1 309	518	984 812	902
425 176	6 180	5 349	4 168
30 541	437	−98 512	345
4 029	405 968	−245	394

乘算（保留两位小数）

一	1 764×26 =
二	3.756×3.06 =
三	702×3 514 =
四	91×2 768 =
五	3 657×28 =
六	286×579 =
七	36×2 457 =
八	203×106 =
九	0.3087×9.5 =
十	47×2 067 =

除算（保留两位小数）

一	48 144÷708 =
二	213 026÷421 =
三	6.2976÷4.1 =
四	22 295÷245 =
五	112 545÷305 =
六	16 116÷68 =
七	7.4995÷26.5 =
八	256 878÷639 =
九	338 675÷713 =
十	13 667÷79 =

评判栏	项　目	+-	×	÷	合计	等级	阅卷	
	完成题						复核	
	准确题						核级	

附录Ⅴ　珠算技术等级鉴定普通 1～3 级模拟题

加减算

（一）	（二）	（三）	（四）	（五）	（六）
1 702 649	370 498	6 374	46 945 032	13 087 965	62.97
3 427	6 021 245	2 146	1 758 904	−473 089	15 083.72
83 075 291	7 194	560 219	−62 547	89 167	136.85
18 956	5 842	5 371 098	320 816	4 253	4 029.78
403 865	58 903 126	64 705 389	74 398	−1 206 548	35 640.12
980 524	520 947	42 873	2 165	76 910 235	390 864.51
7 162	3 106 478	34 527	3 698 402	67 523	79.26
64 093 817	19 367	1 279	−510 789	−4 891	903 654.18
6 170 253	860 352	5 210 468	7 394	401 936	7 920.46
48 539	8 691	79 405 836	1 639	−2 378 046	341.58
26 451	3 754	863 019	−54 072 318	−13 027 859	79.25
9 783	7 412 069	5 078 193	82 106 539	401 672	143.87
894 035	75 803 194	806 325	−768 904	−25 681	6 290.45
2 670 351	17 592 068	79 142	8 246 051	4 593	17 083.62
18 204 967	35 826	46 190 528	−51 723	5 798 042	971 408.53

（七）	（八）	（九）	（十）
826.34	21 863.04	456 028.37	5 803.69
846 091.76	9 270.85	−3 490.52	−12.94
138 502.97	149.38	1 503.97	564.38
3 817.04	72.56	−97.23	28 056.47
8 902.17	95 384.07	56.12	−1 809.35
534.96	6 120.83	734 085.26	756 430.91
18.75	34.98	−19 703.64	29.17
814 390.62	576.41	451.86	278 015.49
91 206.57	25.93	−5 290.81	−36 402.17
4 015.36	640 197.28	53.91	873.56
971.28	6 431.09	284 069.17	−526.41
64.32	752.81	−35 807.61	87.39
59.46	563 041.79	91 620.84	−261 048.57
98 327.08	735 269.80	246.78	93 204.76
54 760.23	46 570.21	974.83	1 023.89

乘算（保留两位小数）

一	46 311×1 574 =
二	0. 2186×426. 3 =
三	8. 5043×203. 5 =
四	5 749×7 859 =
五	2 359×3 768 =
六	2. 1073×508. 7 =
七	0. 7032×580. 62 =
八	3 279×4 238 =
九	0. 5091×370. 45 =
十	3 285×1 856 =

除算（保留两位小数）

一	1. 96237÷0. 3879 =
二	44 674. 89÷751 =
三	73 992 924÷804 =
四	3 516 271÷4 103 =
五	32 276. 11÷657 =
六	79 071 042÷82 914 =
七	4 047 008÷325 162 =
八	198 221. 95÷9. 83 =
九	30 988. 01÷706 =
十	14 758 905÷40 215 =

评判栏	项　目	＋－	×	÷	合　计	等级	阅卷	
	完成题						复核	
	准确题						核级	

附录Ⅵ 珠算技术等级鉴定能手级模拟题

加减算

（一）	（二）	（三）	（四）	（五）
5 920.47	731 654.08	3 690 845.21	29 470 856.13	69 802.35
96 241.03	2 538.79	3 409.78	63 094.28	12 356 490.87
52 036.48	52 498 316.07	516 928.07	-6 715 293.04	6 719 028.43
64 071 298.35	50 269.14	38 605 714.29	-543 179.62	-547 216.39
97 325.81	427 153.96	68 037.15	6 315.78	9 123.85
1 682 450.37	8 209 745.63	96 450.21	15 238 967.04	27 415 389.06
809 731.54	4 037.98	8 312.75	-8 067 291.45	-76 510.94
87 143 052.69	67 584.03	92 581 407.63	-79 460.51	-3 028 756.19
8 137.96	74 591 803.26	7 829 365.04	192 708.45	841 205.63
8 416 290.37	3 815 460.92	340 871.56	9 043.87	3 894.07
762 845.01	19 074 623.85	18 453 697.02	23 680 579.41	902 578.41
7 614 302.59	6 903 278.41	745 129.36	8 215.39	-74 382.06
20 387 965.14	9 426.15	6 914.25	7 201 683.95	97 420 631.58
6 891.75	692 507.81	79 280.34	840 561.23	7 463.15
829 046.53	78 390.12	3 047 926.18	-73 024.86	-8 601 547.29

（六）	（七）	（八）	（九）	（十）
5 432	31 960	371 852	2 641 782	80 379 256
78 963	4 309	7 452	-6 923	5 092
601 475	673 892	453 199	-8 135	-5 127
1 526 734	3 902 514	2 036 789	460 125	-674 159
17 435 829	82 396 145	98 375 264	21 459 807	7 421 893
1 076	507 816	68 209 513	-8 724 130	2 371 649
307 865	4 378 125	2 786 031	19 724	-57
12 945 603	92 047	3 689	-643 507	893 204
7 821 314	5 286	468 705	2 986	34 680
14 279	73 159 428	10 427	-20 867 315	-9 834
38 092 457	816 704	83 096 245	13 249	13 058 926
351 860	54 261 093	2 697	5 904 378	-246 708
5 908 734	8 435 710	9 510 873	8 796	5 132
6 982	23 461	16 942	39 087 542	68 975
49 158	8 976	354 018	-356 810	-6 427 590
84 265 091	567 820	1 097 534	1 908 435	546 271
6 829	30 658 792	41 652	49 256	-1 753
10 692	1 430 697	14 928 560	-6 701	89 502 164
468 107	72 548	309 786	305 687	1 980 347
1 029 534	5 107	4 170	14 293 065	13 806

（十一）	（十二）	（十三）	（十四）	（十五）
20 739 548. 16	8 624 970. 51	176 495. 03	89 514. 27	3 756. 18
73 089. 61	51 307. 29	84 279. 51	75 361 948. 02	3 297 648. 01
3 594 671. 82	218 056. 43	37 568 201. 94	−8 147 025. 93	−68 201. 94
380 257. 94	81 046 792. 35	6 052. 48	−710 356. 49	15 079 426. 83
24 970. 51	72 480. 63	1 845 937. 02	2 486. 05	41 069. 27
49 102 865. 73	7 039 548. 16	630 812. 79	50 176 839. 42	−8 176 490. 53
3 652. 48	7 152. 68	15 079 426. 83	362 790. 81	5 219. 37
972 480. 61	594 671. 82	6 981 374. 25	−9 684 251. 37	60 981 374. 25
7 218 036. 45	3 584. 79	19 635. 84	−15 849. 63	−804 297. 51
1 507. 92	16 380 257. 94	2 590. 63	6 032. 59	−4 630 852. 79
690 143. 58	436 912. 07	703 158. 46	708 463. 15	49 752 083. 61
8 436 912. 07	9 102 865. 73	41 096. 27	−46 271. 09	219 634. 85
5 860. 13	901 473. 58	3 297 640. 18	2 930 187. 64	2 065. 38
4 851 307. 29	4 230. 96	49 752 083. 61	7 305. 28	−45 937. 02
46 792. 35	52 473 089. 61	8 207. 35	94 572 083. 16	703 158. 46

（十六）	（十七）	（十八）	（十九）	（二十）
83 642 891	428 391	12 974	8 571 293	5 316
9 175	2 046	9 451	−76 401	71 368 254
71 328	9 715 463	186 375	769 582	−20 931
634 851	27 954 871	8 206 357	3 719	302 159
5 246 318	75 408	16 059 432	57 869 120	−7 043 961
283 467	47 638 159	68 291	420 596	−46 728 109
2 048	53 802	374 820	−89 024	4 971 520
15 804 692	6 391	4 530 679	21 597 384	84 236
79 456	760 824	52 413 086	150 938	−457 618
3 190 547	19 658 732	50 827	−9 306 285	9 675 324
5 801	7 930 164	369 542	34 872	19 607
507 619	64 210	43 872 905	42 719 360	862 375
38 016 974	2 043 687	5 104 798	−1 536	−3 240
1 723 580	485 906	847 103	8 063 417	8 530 692
85 026	1 578	6 219	−8 365	18 045
47 062 953	20 593 187	38 415	−14 975 603	−9 487
209 645	384 506	7 069	6 028	8 596
3 427	2 519 630	37 214 856	−241 759	25 049 781
6 958 204	7 029	1 025 637	82 046	−308 546
40 723	19 352	6 098	6 340 521	13 920 758

乘算（保留两位小数）

一	4 709×7 294 =
二	73. 1956×6. 2408 =
三	5 463×26 354 =
四	7. 8152×37. 2805 =
五	210 457×7 823 =
六	30 548×510 638 =
七	0. 9083×8 031. 94 =
八	613 894×9 405 =
九	562. 43×2. 1079 =
十	72 436×9 438 =
十一	0. 6125×91. 4865 =
十二	51 097×6 401 =
十三	4. 8362×0. 2796 =
十四	7 180×56 423 =
十五	0. 6239×0. 9032 =
十六	7 193×81 709 =
十七	670 248×50 176 =
十八	0. 9508×0. 8617 =
十九	80 197×52 346 =
二十	5 912×7 158 =

说明：①加减算 10 分钟，乘算和除算各 5 分钟，共 20 分钟。

②加减算、乘算和除算各打对 18 题，为能手一级；各打对 16 题，为能手二级；各打对 14 题，为能手三级；各打对 12 题，为能手四级；加减算打对 10 题，乘算和除算各打对 11 题，为能手五级；加减算打对 8 题，乘算和除算各打对 10 题，为能手六级。

附录Ⅶ　　部分练习题参考答案

第 3 章

基本训练

1．（1）人民币壹拾肆万零陆佰柒拾伍元壹角捌分

（2）人民币叁拾万零壹仟零陆拾元贰角伍分

（3）人民币伍仟元陆角（人民币伍仟元零陆角）

（4）人民币陆万贰仟零肆拾伍元零捌分

（5）人民币肆仟零伍元整

2.（1）32 156.38　（2）40 306.08　（3）50 400.30　（4）62 100.00　（5）73 006.59

第 4 章

基本训练一

1.（1）8 798　　　（2）9 889　　　（3）9 968　　　（4）8 998　　　（5）7 999

　（6）8 989　　　（7）9 899　　　（8）9 999

2.（1）7 867　　　（2）5 576　　　（3）6 665　　　（4）7 776　　　（5）8 675

　（6）3 756　　　（7）56 664　　　（8）76 464

3.（1）9 233　　　（2）13 212　　　（3）12 220　　　（4）11 310　　　（5）12 692

　（6）13 059　　　（7）11 365　　　（8）8 171

4.（1）15 444　　　（2）14 552　　　（3）13 344　　　（4）15 443　　　（5）16 665

　（6）14 645　　　（7）15 554　　　（8）16 444

5.（1）1 022.64　　（2）1 023.32　　（3）1 233.18　　（4）1 178.52　　（5）1 137.87

　（6）962.29　　（7）4 008.13　　（8）4 895.13

6.（1）11 097　　　（2）14 991　　　（3）11 029　　　（4）9 941　　　（5）67 622

　（6）123 410　　（7）54 636　　　（8）49 250

基本训练二

1.（1）5 000　　　（2）1 110　　　（3）1 001　　　（4）1 110　　　（5）1 001

　（6）5 051　　　（7）1 000　　　（8）30

2.（1）4 242　　　（2）3 343　　　（3）4 144　　　（4）4 433　　　（5）4 432

　（6）3 431　　　（7）3 333　　　（8）3 434

3.（1）27 778　　　（2）18 879　　　（3）57 879　　　（4）8 889　　　（5）12 538

　（6）8 667　　　（7）12 477　　　（8）2 227

4.（1）1 747　　　（2）24 445　　　（3）24 476　　　（4）34 646　　　（5）60 077

　（6）77 376　　　（7）87 567　　　（8）38 577

5.（1）44 853　　　（2）27 471　　　（3）36 052　　　（4）45 665　　　（5）78 069

　（6）68 205　　　（7）70 258　　　（8）78 985

6.（1）1 999　　　（2）3 998　　　（3）29 960　　　（4）69 936　　　（5）191 996

　（6）295 002　　（7）495 913　　　（8）420 044

基本训练三

　（1）31.4　　　（2）363.12　　　（3）3 079.34　　　（4）53 610.1

基本训练四

1.（1）1 250 566　（2）1 171 532　（3）16 988.99　（4）16 213.4

2.（1）2 286 780　（2）7 144 509　（3）32 324.87　（4）19 294.48

第 5 章

基本训练一

1.（1）+2 位　　　（2）+3 位　　　（3）+4 位　　　（4）0 位　　　（5）0 位

(6) -1 位	(7) +3 位	(8) +1 位	(9) -2 位	(10) -4 位
2. (1) 0. 3098	(2) 5 280	(3) 47. 25	(4) 0. 1946	(5) 0. 0306
(6) 0. 0785034	(7) 5 067. 15	(8) 27. 91	(9) 0. 007356	(10) 0. 000419
3. (1) 145 140	(2) 145 140	(3) 0. 014514	(4) 145. 14	(5) 1 451. 4
(6) 5 000	(7) 500	(8) 50	(9) 0. 05	(10) 0. 05

基本训练二

(1) 34. 2	(2) 469. 7	(3) 570. 4	(4) 48. 72	(5) 8 806
(6) 13 074	(7) 22 914	(8) 72 648	(9) 341 280	(10) 209 960
(11) 430 650	(12) 57 210	(13) 380 160	(14) 1 844. 5	(15) 3 255. 6
(16) 347 580	(17) 74. 92	(18) 7 603. 36	(19) 604. 8	(20) 1 019. 52

基本训练三

1. (1) 53 238	(2) 26 754	(3) 7 839	(4) 70 854	(5) 140 184
(6) 220 164	(7) 262 960	(8) 519 514	(9) 96 266	(10) 81 289
(11) 566 076	(12) 274 680	(13) 4 642 448	(14) 3 786 725	(15) 4 416 807
(16) 3 822 151	(17) 35. 0852	(18) 420. 332	(19) 24. 2502	(20) 110. 236
2. (1) 30 154 744	(2) 36 442 175	(3) 40 163 006	(4) 3 421 422	(5) 49 579 352
(6) 34 225 420	(7) 21 132 326	(8) 51 355 889	(9) 36. 10	(10) 1 677. 81
(11) 14. 67	(12) 374. 44	(13) 3. 53	(14) 59. 06	(15) 6. 17
(16) 0. 47	(17) 5 889. 31	(18) 449 078. 4	(19) 33 384. 66	(20) 984 930. 15

第 6 章

基本训练一

(1) 57. 76	(2) 13 546	(3) 9 108	(4) 8 327	(5) 2 016
(6) 21 619	(7) 8 327	(8) 6 005	(9) 4. 2743	(10) 394. 4
(11) 488. 2	(12) 57. 76	(13) 0. 3987	(14) 732. 8	(15) 216. 6
(16) 65. 95	(17) 25. 64	(18) 3 104. 4	(19) 275 600	(20) 3 298

基本训练二

(1) 311	(2) 515	(3) 446	(4) 555	(5) 477
(6) 333	(7) 313	(8) 89. 98	(9) 19. 42	(10) 2. 222
(11) 0. 652	(12) 988. 9	(13) 2. 405	(14) 0. 7408	(15) 4. 82
(16) 983. 5	(17) 4. 56	(18) 889	(19) 207. 2	(20) 67. 08

基本训练三

(1) 2. 45	(2) 5. 70	(3) 4. 56	(4) 3. 02	(5) 88. 06
(6) 408. 97	(7) 0. 32	(8) 49. 05	(9) 8. 40	(10) 0. 70
(11) 642	(12) 21. 87	(13) 1. 72	(14) 2. 19	(15) 16. 06
(16) 438. 21	(17) 200. 99	(18) 1 017. 32	(19) 576. 04	(20) 3 207

基本训练四

(1) 13 619	(2) 12 914	(3) 2 376	(4) 6 588	(5) 9 878
(6) 7 646	(7) 17 898	(8) 7 939	(9) 123 732	(10) 47 952

(11)78.025　　(12)6.3801　　(13)25 746　　(14)72.456　　(15)3 572.1

(16)72.183　　(17)2 347.5　　(18)92.685　　(19)5 270.9　　(20)4 462

基本训练五

(1)515　　　(2)323　　　(3)555　　　(4)237　　　(5)111

(6)446　　　(7)355　　　(8)711　　　(9)878　　　(10)311

基本训练六

(1)39.21　　(2)10.72　　(3)9.33　　　(4)1.26　　　(5)0.26

(6)7.58　　　(7)2.67　　　(8)689.29　　(9)0.28　　　(10)150.09

基本训练七

(1)3 120　　(2)817　　　(3)917　　　(4)236　　　(5)812

(6)666　　　(7)562　　　(8)474　　　(9)563　　　(10)578

(11)197　　(12)911　　(13)877　　　(14)985　　　(15)419

(16)40.47　　(17)24.46　　(18)35.13　　(19)10.42　　(20)36.99

第 7 章

基本训练一

(1)1 379.29　　(2)2 464.75　　(3)1 594 273　　(4)1 165 025　　(5)2 732.32

(6)24 591.55　　(7)157 696　　(8)18 466.71　　(9)1 969 198　　(10)1 117 651

(11)65 543.45　　(12)157 507.96　　(13)5 958.94　　(14)534 808　　(15)775 658

(16)32 555.25　　(17)38 976.16　　(18)43 833　　(19)269 693.97　　(20)1 377.4

基本训练二

(1)10 169 446　　(2)6 084 889　　(3)5 733 506　　(4)3 384 442　　(5)10 664 884

(6)10 423 543　　(7)1 729 706　　(8)4 067 989　　(9)99 899.92　　(10)100 417.69

(11)43 210.29　　(12)42 489.93　　(13)50 457.76　　(14)24 631.43　　(15)124 143.57

(16)85 546.79　　(17)50 840.88　　(18)838 278.05　　(19)29 439.39　　(20)32 851.68

基本训练三

(1)941 694.32　　　(2)2 831 338.14　　　(3)−2 519 646.46

(4)−2 562 124.43　　(5)2 174 673.54　　　(6)−2 132 495.91

(7)−4 459 174.02　　(8)5 253 017.75　　　(9)1 049 536.64

(10)−2 441 473.23

第 8 章

基本训练一

(1)99.82　　(2)258.64　　(3)46.59　　(4)1 917.17　　(5)110.24

(6)264.66　　(7)201.77　　(8)3 133.41　　(9)802.29　　(10)25.15

(11)7.74　　(12)3.64　　(13)3.13　　(14)11.25　　(15)3.35

(16)5.47　　(17)1.00　　(18)4.08　　(19)5.26　　(20)30.06

基本训练二

(1)71 346　　　(2)645 706　　　(3)587 233　　　(4)34 561.94

(5)426 288　　(6)562 285.02　　(7)3 707 416.2　　(8)263 345.81
(9)7 684.70　　(10)151 645.44　　(11)4 656 045　　(12)1 837 953
(13)3 147 204　　(14)453 128.52　　(15)733 168.01　　(16)1 265 328
(17)27 571.57　　(18)4 665 706.5　　(19)640 264.11　　(20)385 873.74

基本训练三
(1)1 553 916　　(2)2 706 604　　(3)896 292　　(4)3 598 917
(5)2 695 792　　(6)4 625 854　　(7)3 513 054　　(8)466 944
(9)6 339 438　　(10)3 480 134　　(11)35 236 506　　(12)21 620 696
(13)25 014 696　　(14)22 075 746　　(15)59 367 462　　(16)56 585 592
(17)31 410 508　　(18)37 870 875　　(19)24 342 306　　(20)344 841 013

基本训练四
(1)71 492　　(2)152 368　　(3)98 752　　(4)169 161
(5)194 814　　(6)112 287　　(7)383 324　　(8)187 940
(9)255 268　　(10)392 680　　(11)243 185　　(12)357 645
(13)383 142　　(14)350 826　　(15)207 774　　(16)525 096
(17)100 404　　(18)585 158　　(19)72 982　　(20)196 301
(21)306 719　　(22)400 288　　(23)492 376　　(24)213 752
(25)673 096　　(26)235 864　　(27)347 463　　(28)735 075
(29)374 328　　(30)574 056　　(31)213 003　　(32)345 294
(33)207 104　　(34)133 424　　(35)258 132　　(36)411 432

第 9 章

基本训练一
(1)16.68　(2)13.21　(3)1.23　(4)0.63　(5)7.90
(6)5.18　(7)3.15　(8)1.24　(9)1.15　(10)0.73
(11)1.18　(12)0.21　(13)1.51　(14)1.87　(15)1.78
(16)0.64　(17)18.11　(18)0.35　(19)3.25　(20)0.06

基本训练二
(1)765.23　(2)52.59　(3)6.87　(4)8.51　(5)30.95
(6)94.09　(7)0.76　(8)2.44　(9)1.87　(10)0.53
(11)79.21　(12)4.93　(13)5.30　(14)2.90　(15)51.85
(16)0.36　(17)82.65　(18)387.21　(19)40.79　(20)3.16

基本训练三
(1)4.32　(2)5.85　(3)673　(4)78.7　(5)0.78
(6)631　(7)45.6　(8)1 149.52　(9)66.6　(10)51.7
(11)71.45　(12)14.77　(13)9.05　(14)6 219　(15)0.62
(16)80.47　(17)742.6　(18)1 824　(19)75.62　(20)1 506

第 11 章

基本训练二

1. 1)横式题合计栏

(1)61 081 893	(2)86 115 002	(3)79 029 123	(4)13 227 683
(5)80 529 157	(6)51 823 011	(7)60 956 791	(8)23 610 171
(9)69 809 017	(10)25 375 746	(11)65 764 306	(12)88 159 419
(13)22 402 435	(14)37 654 463	(15)54 107 121	(16)55 739 552
(17)22 651 454	(18)89 649 473	(19)79 188 107	(20)70 518 940

2)纵式题合计栏

(1)237 304 824	(2)311 592 172	(3)201 449 970	(4)151 136 269
(5)235 909 629			

3)轧平栏累计数

1 137 392 864

2. 1)横式题合计栏

(1)46 788 365	(2)102 607 165	(3)58 055 311	(4)21 368 458
(5)21 471 850	(6)24 601 981	(7)33 243 198	(8)55 599 039
(9)49 514 662	(10)35 860 315	(11)78 276 217	(12)48 240 316
(13)89 888 245	(14)46 473 577	(15)46 478 569	(16)87 007 282
(17)74 477 662	(18)58 421 308	(19)18 008 649	(20)68 127 038

2)纵式题合计栏

(1)245 700 255	(2)216 503 225	(3)130 887 361	(4)298 386 970
(5)173 031 396			

3)轧平栏累计数

1 064 509 207

3. 1)横式题合计栏

(1)17 519 492	(2)24 116 144	(3)97 404 670	(4)41 263 549
(5)79 849 011	(6)20 899 351	(7)73 394 133	(8)39 694 173
(9)78 226 411	(10)24 959 528	(11)22 106 687	(12)103 449 974
(13)70 397 328	(14)99 980 373	(15)96 451 680	(16)83 704 388
(17)68 336 960	(18)79 502 717	(19)37 678 785	(20)64 097 427

2)纵式题合计栏

(1)297 115 117	(2)247 508 201	(3)181 460 976	(4)289 106 746
(5)207 841 741			

3)轧平栏累计数

1 223 032 781

4. 1)横式题合计栏

(1)83 049 383	(2)57 772 629	(3)85 521 538	(4)37 167 818
(5)46 457 810	(6)75 921 086	(7)22 835 041	(8)95 550 072

（9）97 978 856　　（10）75 132 771　　（11）45 521 681　　（12）99 509 841

（13）23 642 940　　（14）105 404 080　　（15）53 955 497　　（16）87 149 012

（17）54 870 490　　（18）41 018 282　　（19）27 517 440　　（20）36 364 628

2）纵式题合计栏

（1）213 743 781　　（2）310 350 382　　（3）118 196 968　　（4）317 570 721

（5）292 479 043

3）轧平栏累计数

1 252 340 895

主要参考书目

[1]杨印山．会计基本技能[M]．北京:中国人民大学出版社,2010.

[2]雷玉华．点钞与计算技术[M]．北京:中国物资出版社,2008.

[3]李冬灵．商业会计专业数字小键盘教学的组织与实施[J]．财会教育,2007(12):54.

[4]张筱仲．计算技术[M]．北京:中国财政经济出版社,1998.

[5]张成武．计算技术[M]．北京:中国商业出版社,1994.

[6]《计算技术》编写组．计算技术[M]．北京:中国财政经济出版社,1991.

[7]全国珠算科技知识竞赛组织委员会．珠算科技知识[M]．上海:立信会计图书用品社,1990.

[8]孙明德．珠算技术[M]．北京:高等教育出版社,2013.